新約聖書の基本

Introducing the New Testament: A Short Guide to Its History and Message

D.A.カーソン・ダグラス.J.ムー［著］
D.A.Carson & Douglas J.Moo
池田基宣・千田俊昭［訳］

各書の内容・著者・執筆場所・年代・読者・目的・貢献

目次

・本文中の聖書の引用は『聖書 新改訳2017』を用いた。
・本文中で挙げられた聖書箇所が不適切と思われる箇所は、訳者の責任において修正した。
・本文中の（　）は原注、〔　〕は訳注を表す。

略号一覧

BST	Bible Speaks Today
EBC	The Expositor's Bible Commentary
IVPNTC	InterVarsity Press New Testament Commentary
NAC	New American Commentary
NIBC	New International Bible Commentary
NICNT	New International Commentary on the New Testament
NIV	New International Version of the Bible
NIVAC	New International Version Application Commentary
NRSV	New Revised Standard Version of the Bible
PNTC	Pillar New Testament Commentary
RSV	Revised Standard Version of the Bible
THNTC	Two Horizons New Testament Commentary
TNTC	Tyndale New Testament Commentary

第1章　新約聖書を学ぶことについて考える

新約聖書が存在するようになってから、人々はずっとこの書物を読み、学び続けてきた。新約聖書の二十七冊、すべてが記される以前から、ある人々は、すでに用いることができるようになった文書の解釈に少なからず困難を覚えていた（パウロの手紙について述べられているⅡペテロ3・15～16参照）。二千年の時間的隔たりと言語、文化、歴史の変化によって、この解釈の難易度が下がることはなかった。さらに、何世紀にもわたって、新約聖書に関する多くの著作が生み出されてきたことが、この課題を簡単にすると同時に難しくもしている。優れたガイドがたくさんあることによって学びは容易になるが、資料の膨大な量と幅広く混ぜ合わされた性質が、大いに気力をくじくものであることにより、この学びを難しくしている。

本書について

本書は、新約聖書を理解するための入門的なガイドとして役立つことを目的としている。

本書の構成は、英語版聖書〔新改訳2017も〕に掲載されている新約聖書の順序に従ったものである。第2章、第8章、第9章では、新約聖書の部類を紹介し、残りの章では、個々の新約聖書の書物について、通常、以下の質問に答えている（ただし、必ずしもこの順番ではない）

1 内容——この書には何が記されているのか？
2 著者——誰が書いたのか？
3 ジャンル——どのようなスタイルの文学か？
4 年代——いつ書かれたのか？
5 場所——どこで書かれたか？
6 読者——誰に向けて書かれたのか？
7 目的——なぜその本は書かれたのか？
8 貢献——この本は、私たちの信仰の理解にどのような貢献をしているのか。

各章のほとんどのスペースは、内容と［新約聖書全体に］寄与している事柄に充てられている。本書は、聖書を開いた状態で読むことをお勧めする。おそらく、新約聖書の各書の内容に関する冒頭のセクションを読みながら、その全体を読むことになるだろう。多くの見出しと番号付きリストにより、重要なポイントの要約を簡単に見つけることができ、使いやすい資料となっている。

各章の最後では、復習や議論のための質問を投げかけ、さらに学んでいくための推奨図書をリストアップしている。以下のものは、新約聖書の学びを進める上で助けとなる一般的な資料である。

推薦図書

入門

Blomberg, Craig L. *Jesus and the Gospels: An Introduction and Survey*. 2d ed. Nashville: Broadman & Holman, 2009.

______. *From Pentecost to Patmos: An Introduction to Acts through Revelation*. Nashville: Broadman & Holman, 2006.

Burge, Gary M., Lynn H. Cohick, and Gene L. Green. *The New Testament in Antiquity: A Survey of the New Testament within Its Cultural Contexts*. Grand Rapids: Zondervan, 2009.

Carson, D. A. “Approaching the Bible.” Pages 1–19 in *New Bible Commentary: 21st Century Edition*. Edited by D. A. Carson, R. T. France, J. A. Motyer, and G. J.

Wenham. 4th ed. Downers Grove: InterVarsity Press, 1994. (This article gives a basic overview to interpreting the Bible.)

Elwell, Walter A., and Robert W. Yarbrough, eds. *Encountering the New Testament: A Historical and Theological Survey*. 2d ed. Grand Rapids: Baker, 2005. (This book gives a trustworthy, readable overview with dozens of color pictures and an interactive CD-ROM.)

The ESV Study Bible. Wheaton: Crossway Bibles, 2008. (This Bible contains useful articles and concise introductions and notes for each book.)

TNIV Study Bible. Grand Rapids: Zondervan, 2006. (This Bible contains concise introductions and notes for each book.)

中級

Alexander, T. Desmond, and Brian S. Rosner, eds. *New Dictionary of Biblical Theology*. Downers Grove: InterVarsity Press, 2000. (This book has three parts: [1] twelve major introductory articles, e.g., D. A. Carson, “Systematic Theology and Biblical Theology,” pp. 89–104; [2] seven articles on the most important collections of biblical writings followed by articles on each book of the Bible; and [3] 140 articles on major biblical themes.)

Evans, Craig A., and Stanley E. Porter, eds. *Dictionary of New Testament Background*. Downers Grove: InterVarsity Press, 2000.

Green, Joel B., and Scot McKnight, eds. *Dictionary of Jesus and the Gospels*. Downers Grove: InterVarsity Press, 1992.

Hawthorne, Gerald F., and Ralph P. Martin, eds. *Dictionary of Paul and His Letters*. Downers Grove: InterVarsity Press, 1993.

Keener, Craig S. *The IVP Bible Background Commentary: New Testament*. Downers Grove: InterVarsity Press, 1993.

Martin, Ralph P., and Peter H. Davids, eds. *Dictionary of the Later New Testament and Its Developments*. Downers Grove: InterVarsity Press, 1997. (See especially D. A. Carson, "New Testament Theology," pp. 796–814.)

上級

Black, David Alan, and David S. Dockery, eds. *Interpreting the New Testament:*

Essays on Methods and Issues. Nashville: Broadman & Holman, 2001.

Carson, D. A. *New Testament Commentary Survey*. 6th ed. Grand Rapids: Baker, 2007. (Carson briefly evaluates hundreds of NT commentaries.)

Thielman, Frank. *Theology of the New Testament: A Canonical and Synthetic Approach*. Grand Rapids: Zondervan, 2005. (This book is user-friendly for students, cautious, gentle, understated, and edifying.)

第2章　共観福音書

A　共観福音書とは

最初の三つの福音書、つまりマタイ、マルコ、ルカは、しばしば共観福音書と呼ばれる。「共観」とは「共に見る」という意味であり、マタイ、マルコ、ルカが（ヨハネとは対照的に）三つの点で非常によく似ているので、この表現は適切である。

1　**構造**　共観福音書は、一般的な地理的順序に従ってイエスの宣教を構成している。つまり、ガリラヤ、北部への撤退、ユダヤとペレア、そしてエルサレムである。これに対してヨハネ福音書は、定期的にエルサレムを訪れる中で、イエスのエルサレム宣教に焦点を当てている。

2　**内容**　共観福音書はイエスの癒やし、悪魔払い、たとえ話による教えを中心に、同じ多くの出来事を語っている。一方、ヨハネ福音書は、悪魔払いや共観福音書に見られるようなたとえ話、その他多くの出来事（例えば、十二弟子の派遣、山上の変貌、世の終わりの教え、最後の晩餐）を語っていない。

3　**調子**　共観福音書の調子は、激しく矢継ぎ早な行動を示すものであって、イエスの途絶えることのない旅、行動（特に奇跡）、そして（通常は）短い教えによる。これに対し、ヨハネ福音書はより瞑想的であり、少ない出来事と長い説話による。

過去二世紀にわたり、学者たちは共観福音書をさまざまな角度から精査し、さまざまな結果を出してきた。これらの書物がきわめて重要であることを考えると、これはキリスト教信仰と生活にとって必然的である。これらの書物は、神がご自身を人間に知らせるために特別に選ばれた方であるイエスの生涯を語る。歴史的意義と一人ひとりの運命がかかっている出来事、すなわちメシアであるイエスの死と復活が描かれている。

B　共観福音書はどのように存在するようになったのか

共観福音書の著者を特定するだけでは、いくつかの疑問が残る。著者たちはどのようにしてイエスに関する資料を手に入れたのだろうか。なぜ三つの福音書は多くの箇所で似ていて、他の箇所では違うのか。福音書記者たちは伝承の記録者だったのか、それとも独自の視点を持った作者だったのか。そして、これらすべての背後に潜む大きな疑問として、なぜ四つの福音書なのか。

ルカは、福音の素材が手元にそろった三つの段階に言及している（ルカ1・1～4）。

1　**口伝伝承**　「目撃者と言葉の奉仕者」が、イエスの真実を「伝承」した。
2　**書かれた資料**　「多くの」人たちが、イエスと初代教会の記録をすでに描いている。
3　**最終編集**　ルカは、これらの資料を「注意深く調査」した上で、彼自身の「秩序ある」記録を作成する。

過去二世紀にわたる福音書研究において、学者たちはこれらの各段階に焦点を当てた明確な方法を開発してきた。以下の三つのセクションは、聖書解釈の専門家たちが格闘し続けている複雑な問題の簡単なスケッチである。

これらのアプローチはそれぞれ、使い方次第で実りあるものになることもあれば、有害なものになることもある。多くの学者が有害な方法でこれらを使用し、有害な結論に達している。例えば、福音書が現実の歴史を語っていることを否定し、イエスの復活の歴史性を否定する者がいる。

口伝伝承の段階──様式史批評

様式史批評学は、初期キリスト教徒がイエスの言動を口伝で伝えた段階を評価するものである。様式史批評家は、二十年ほど経ってから、その内容が文書化され始め、福音書そのものはそのすぐ後に作られたと主張する。この間、イエスに関するさまざまな物語は、初期キリスト教徒によって明確な「様式」に成形された。これらの様式を分離する試みは有益であるが、多くの様式史批評家は、初代教会が口伝伝承を大幅に変更したと考える誤りを犯している。このような否定的歴史的判断には正当な理由がない。

書かれた資料の段階 —— 資料批評（共観福音書の問題）

時代が進むにつれて、初期の文書断片と口頭証言が組み合わされ、より長い文書資料が作られ、最終的に福音書が完成した。資料批評は、三つの共観福音書を構成するために使用された文書資料を特定しようとするものである。これらの福音書は、大まかな概要も特定の表現も驚くほど似ている（例えば、マタイ9・1〜8、マルコ2・1〜12、ルカ5・17〜26を参照）。また、不可解な相違点もある。

「共観福音書問題」とは、共観福音書の類似点と相違点を包括的に説明することができない、という苦境を意味する。つまり、最初の三つの福音書を特徴づける、完全な一致と大きな相違の組み合わせを、どのような理論で説明するのが最も適切なのか、ということである。

大きく二つの選択肢がある。

1　マタイ、マルコ、ルカはそれぞれ独立して書かれたが、共通の資料（原福音、口伝資料、発展途上の文書断片など）に依存しているため、類似している。

2　マタイ、マルコ、ルカは互いに依存し合っている。伝道者のうち二人は、自分の福音書を作成する際に、他の福音書の一つまたは複数を使用した。このような共観問題の解決策は、教会の歴史の中で早くから主張されてきたことであり、現代の新約聖書研究者の間では、ほぼ全面的な支持を得ているが、それには理由がある。この相互依存の理論は、神がどのようにして最初の三つの福音書を存在させることにしたのかを最もよく説明している。

現在、相互依存理論には大きく分けて二つのバージョンがある。⑴ルカがマタイを使って福音書を書き、マルコがマタイとルカの両方を使ったとする「二福音書」理解が示されている。⑵このデータを、適切なニュアンスでより説得力あるかたちで説明するのが、「二資料」説である。マタイとルカは、それぞれ独立して二つの資料を使った――マルコと、失われたイエスの格言集「Q」（QはドイツQuelleを略したもので、「源」を意味する）である。つまり、マルコが先に書かれたことになり、マタイとルカはマルコとQから借用したが、お互いからは借用しなかった。Qのような資料は、マルコ以外の資料におけるマタイとルカの一致を説明する最良の方法であることに変わりはない。しかし、二資料説には二つの注意点がある。

1　福音書が誕生するまでの過程は非常に複雑で、どんなに詳細な理論でも完全な説明は望めない。

2 この理論は、いくつかのデータを満足に説明することができないので、完結した結論というよりも仮説として扱うべきである。

最終編集の段階 —— 編集史批評

編集史批評学は、福音書記者が資料をどのように使用したかを分析することによって、福音書記者の神学的な目的を評価するものである。「再編集」とは、福音書が実際に書かれた時に、口伝や文伝を編集するプロセスを意味する。この編集作業を批評するには、著者が何を含め、何を除外し、どのように資料を配置し、つなぎ合わせ、言葉を使ったかを検証する必要がある。ルカが祈りを強調するなど、神学的な関心事を示すパターンもある。福音書の本格的な研究において、ある種の再編集批評を用いないものはほとんどない。しかし、誇張された主張、誤った仮定、不適切な適用がなされると問題となる。しかし、正しく行われれば、編集史批判には肯定的な利点がある。

1 福音書の最終的なテキストに焦点を当てるため、様式史批評や資料批評よりも参考になる。

2 このことは、著者たちが歴史的な関心以上のものをもって福音書を書いたことを思い起こさせるが、それだけにとどまらない。再編集、追加、省略、言い換えが、関係する出来事や教えの歴史性を損なうものではない。例えば、新聞は、受け取った報道記事を読者のために書き直すことがよくあるが、その書き直しが報道の正確さに影響するわけではない。また、主要な演説を一言でまとめたり、その一部を抜粋したりすることもある。その際、新聞社によって、同じ演説でも強調点が異なる場合がある。また、伝道者たちがイエス自身の言葉を要約したり、抜粋したり、言い換えたとしても、歴史的に不正確であると非難されることはないだろう。

3　それは、福音書の豊かな多様性を認識し、私たちの評価を高めるものである。イエスの物語は、一つのスーパー福音書ではなく、四つの福音書として私たちにもたらされた。

C　福音書はどのようなスタイルの文学か

新約聖書にはどこにも、イエスの宣教に関する四つの記述のうち、福音書と呼ばれるものはない。新約聖書は「福音」と関連する動詞「福音を宣べ伝える」を使って、神の子における救済活動のメッセージを示している（例えば、マルコ１・14〜15、ローマ１・15、Ｉコリント15・１、ガラテヤ１・６〜８など）。初代教会は、マタイ、マルコ、ルカ、ヨハネに「福音書」というタイトルを付けた。「マタイによる福音書」ではなく、「マタイ（およびマルコ、ルカ、ヨハネ）版による（一つの）福音書」という表現で、福音の単一性を強調している。福音書以前の書物で、このような呼び名を持つものはなかった。

では、福音書はどのようなスタイルの文学（つまりジャンル）なのだろうか。正確に解釈するためには、文学スタイルに関する正確な判断にある程度依存しなければならない。イエスの水上歩行は、福音書を明快な歴史と判断する人々にとっては一つの意味を持ち、神話と判断する人々にとっては全く異なる意味を持つ。

福音書は伝記であるというのが、最も一般的で正当な提案である。確かに、福音書は現代の標準的な伝記とはかなり異なっており、イエスの幼少期の発達や教育、性格や動機に関する記述や年代は欠けている。しかし、古代ギリシア・ローマ時代の伝記は、必ずしもそのような特徴を備えていたわけでもない。

しかし、福音書には、他の多くの古代の伝記にはない特徴がある。例えば、著者は自分の名前を名乗らないし、福音書は説教を目的とした著作で、教えと行動を組み合わせたユニークなものである。

Ｄ　福音書はイエスの生涯の歴史的概要について何を語っているのか

イエスの生涯の歴史的アウトラインを構築しようとする試みが重要である。なぜならば、伝道者たちが語っている真実性が、必然的に実際の歴史と結びついているからである。しかし、そうすることによって、いくつかの疑問が生じる。

1　イエスの生涯の歴史的アウトラインを構築することは可能なのか。その答えは、可能であると同時に、可能でもない。一般的なアウトラインを構築することは可能だが、詳細で完全な満足のいくものを構築することは不可能である。福音書は一般的イエスの宣教とその宣教の中の多くの事件に関して高い一貫性を持っている。しかし、詳細な「イエスの生涯」を構築するために必要な、年代や地理に関する詳細情報を提供していない。福音書記者たちは歴史的事実を語ってはいるが、事実を選択し、配置し、提示しているのであって、イエスの詳細な生涯を構成するために必要な情報を利用することはほとんどできない。彼らはしばしば出来事を年代順に並べるのではなく、話題別に並べている。

2　このように、詳細な歴史的アウトラインを構築できないことが問題なのだろうか。そうではない。そのために必要なデータを提供することは、伝道者たちの意図とは異なっている。つまり、同じ出来事に関する異なる記述を歴史的にどのように調和させるかという試みには何の問題もないが、多くの場合すべてのデータをどのように調和させればよいのかが分からないということを認めざるをえない。しかし、十分な知識があれば、すべてのデータが「適合」すると考えることはできる。

3 イエスの生涯における重要な出来事を、どの程度正確に年代測定できるのだろうか。ヘロデ大王（マタイ2章）、カエサル・アウグストゥス（ルカ2・1）、ヘロデ・アンティパス（ルカ23・6～12）、ポンティオ・ピラト（マタイ27章）といった有名な歴史家への言及によって、福音書の出来事を世俗の歴史の背景に置くことは容易である。世俗的な年表は、イエスの人生における以下の年代特定に役立っている。

a イエスの誕生――前六～四年

b イエスの公生涯の始まり――おそらく紀元二八年か二九年（おそらく紀元二五年か二六年か、二六年か二七年）

c イエスの公生涯の期間――少なくとも二年

d イエスの死――おそらく紀元三〇年ニサンの月十四日か十五日（三～四月と重なるユダヤの月）の金曜日（紀元三三年ニサンの月十四日の金曜日の可能性も）

E　振り返りとディスカッションのための問い

1　なぜマタイ、マルコ、ルカ福音書は「共観福音書」と呼ばれるのか。
2　「共観福音書問題」とは何か。
3　福音書は現代の伝記とどう違うのか。
4　イエスの生涯の詳細な歴史的アウトラインを構築できないことは問題なのか。あなたの応答を述べよ。

F　推薦図書

入門

Blomberg, Craig L. *Jesus and the Gospels: An Introduction and Survey*. 2d ed. Nashville: Broadman & Holman, 2009.

Boyd, Gregory A., and Paul R. Eddy. *Lord or Legend? Wrestling with the Jesus Dilemma*. Grand Rapids: Baker, 2007.

Roberts, Mark D. *Can We Trust the Gospels? Investigating the Reliability of Matthew, Mark, Luke, and John*. Wheaton: Crossway, 2007.

中級

Blomberg, Craig L. *The Historical Reliability of the Gospels*. 2d ed. Downers Grove: InterVarsity Press, 2007.

Bock, Darrell L. *Jesus according to Scripture: Restoring the Portrait from the Gospels*. Grand Rapids: Baker, 2002.

Stein, Robert H. *Studying the Synoptic Gospels: Origin and Interpretation*. 2d ed. Grand Rapids: Baker, 2001.

Strauss, Mark L. *Four Portraits, One Jesus: An Introduction to Jesus and the Gospels*. Grand Rapids: Zondervan, 2007.

上級

Barnett, Paul. *Jesus and the Rise of Early Christianity: A History of New Testament Times*. Downers Grove: InterVarsity Press, 1999.

Black, David Alan, and David R. Beck, eds. *Rethinking the Synoptic Problem*. Grand Rapids: Baker, 2001.

Carson, D. A. “Redaction Criticism: On the Legitimacy and Illegitimacy of a

Literary Tool." Pages 119–42, 376–81 in *Scripture and Truth*. Edited by D. A. Carson and John D. Woodbridge. Grand Rapids: Zondervan, 1983.

France, R. T. "The Authenticity of the Sayings of Jesus." Pages 101–41 in *History, Criticism, and Faith*. Edited by Colin Brown. Downers Grove: InterVarsity Press, 1976.

第3章　マタイの福音書

A　内容――マタイ福音書には何が記されているのか

マタイは熟練した文芸家であった。彼は五つの説話を提示し、それぞれの説話は特定の文脈で始まり、他のどこにも見られない表現で終わる――文字どおり、「イエスがこれらのことばを語り終えられると」（7・28～29、11・1、13・53、19・1、26・1）で締めくくられている。マタイは五回、物語（イエスについての物語）と説話（イエスの教え）を交互に書いている。

1　序章（1・1～2・23）

この六つのセクションのうち、最初のセクションを除くすべてのセクションで、旧約聖書（OT）の引用が、成就的言い回しで適切に紹介されている。

a　イエスの系図（1・1～17）

b　イエスの誕生（1・18～25）

c　東方の博士の訪問（2・1〜12）
d　エジプト逃亡（2・13〜15）
e　ベツレヘムでの虐殺（2・16〜18）
f　ナザレへの帰還（2・19〜23）

2　御国の福音（3・1〜7・29）

a　**物語**（3・1〜4・25）マタイは、バプテスマのヨハネの働き（3・1〜12）、イエスの洗礼（3・13〜17）、イエスの誘惑（4・1〜11）、イエスの初期ガリラヤでの働き（4・12〜25）を語っている。

b　**山上の説教の講話**（5・1〜7・29）イエスは、天の国の規範（5・3〜12）と証し（5・13〜16）を紹介し、旧約聖書との関係を説明する（5・17〜48）。御国の視点を追求することと対比して、偽善（6・1〜18）に警告する（6・19〜34）。バランスと完全さを要求し、それは旧約聖書の期待に応えるものである（7・1〜12）。人々は、二つの方法、二つの木、二つの主張、二つの建築者の中から選ばなければならない（7・13〜27）。最後の節で、イエスの権威を再確認する（7・28〜29）。

3　イエスの権威のもとに拡大した御国（8・1〜11・1）

a　**物語**（8・1〜10・4）　この物語には、御国とその王の一面を描写するために、それぞれの象徴を盛り込んだ多くの奇跡が含まれている。また、マタイが召され（9・9）、イエスが罪人と食事をすることにこだわる一方で（9・10〜13）、ご自身の臨在の中に現れる御国の到来は喜びの時であると宣言することも描かれている（9・14〜17）。さらに働き手を増やすための祈りの要求（9・35〜38）と十二使徒への委任（10・1〜4）で終わっている。

b　**宣教と殉教に関する講話**（10・5〜11・1）　当面の使命を述べた後（10・5〜16）、イエスは将来の苦しみを警告し（10・17〜25）、父の摂理に照らして恐れてはならないと命じ（10・26〜31）、本物の弟子とは何かについて述べている（10・32〜39）。そのような弟子への対応は、イエス自身への対応と同じである（10・40〜42）。

4　御国の福音を教え、宣べ伝えること ―― 反対運動の高まり（11・2〜13・53）

a　**物語**（11・2〜12・50）　この物語は、贖罪の歴史の流れの中で、バプテスマのヨハネとイエスの相対的な役割を確立するだけでなく（11・2〜19）、イエスがガリラヤの「善良な」ユダヤ教の町々を強く非難したことを報告し、疲れ果てた者、傷ついた者に救いと安らぎを与え、それが御子の「くびき」という文脈から見いだされることを告げることによって（11・20〜30）、世間の期待を覆している。安息日をめぐる対立が勃発し（12・1〜14）、イエスは目に見えて征服する王というよりは、柔和で苦しむ僕《しもべ》であることを証明し（12・15〜21）、イエスとパリサイ派の間だけでなく、イエスとその家族の間にも対立が生じる（12・46〜50）。

b　**説話**（13・1〜53）　期待の裏返しは、御国のたとえ話の大きなテーマである。

5　栄光と影――漸進な二極化（13・54〜19・2）

a　**物語**（13・54〜17・27）　この一連の物語は、二極化の高まり（例　ナザレでの拒絶――13・54〜58、ヘロデとイエス――14・1〜12、しるしの要求――16・1〜4）とイエスの力の本質と関心に対する重大な誤解（例　五千人の給食――14・13〜21。14・22〜15・20、17・1〜20［21］も参照）を反映している。ペテロがイエスに信仰を告白する（16・13〜20）が、その余波である最初の受難予告（16・21〜23。17・22〜23の第二予告も参照）は、ペテロさえもいかにそれを理解していなかったかを示している。

b　**御国の権威下での生活についての講話**（18・1〜19・2）　偉さは謙遜さと結びつい

ている（18・3～4）、信者に罪を犯させることほどむごい罪はない（18・5～9）、失われた羊を救うことは安全な羊を育てること以上に重要である（18・10～14）、信者はメシア共同体において赦しと規律を実践しなければならない（18・15～35）。

6 対立と終末論 ―― 恵みの勝利（19・3～26・5）

a **物語**（19・3～23・39） パリサイ人とのやり取りとたとえ話は、イエスに従う者に期待される驚くべき行為を強調する（19・3～20・34）。受難週の出来事としては、イエスの凱旋（21・1～11）、宮のきよめ（21・12～17）、イチジクの木の呪い（21・18～22）、イエスがメシアだという主張に焦点を当てた宮での論争（21・23～22・46）。憤慨したイエスは、律法学者やパリサイ派の人々に苦言を呈し（23・1～36）、エルサレムについて嘆く（23・37～39）。

b **オリーブ山語録**（24・1～25・46） 解釈が難しいことで有名なこの箇所は、神殿を見下ろす設定で始まる（24・1～3）。イエスの初臨と再臨の間の産みの苦しみ（24・4～28）と人の子の来臨（24・29～31）を描写し、産みの苦しみの意味を考察（24・32～35）、御子の再臨の時が分からないので準備する必要があると訴える（24・36～41）。一連のたとえ話は、目を覚ましているというテーマのバリエーションを示している（24・42〜25・46）。暫定的結論には、この福音書において四回目となる受難の予告と、イエスをめぐる陰謀の詳細が語られる（26・1〜5）。

7　イエスの受難と復活（26・6〜28・20）

ａ　**受難**　ベタニアでの油注ぎ（26・6〜13）とユダの裏切り合意（26・14〜16）に続いて、最後の晩餐（26・17〜30）、裏切りと否認の予告（26・31〜35）、ゲツセマネ（26・36〜46）、イエス逮捕（26・47〜56）、最高法院でのイエス（26・57〜68）、ペテロのイエス否認（26・69〜75）、最高法院の正式決定（27・1〜2）、イスカリオテのユダの死（27・3〜10）、ピラトの前でのイエス（27・11〜26）、兵士たちのイエスへの扱い（27・27〜31）、イエスのはりつけと嘲り（27・32〜44）、イエスの死とその直後（27・45〜56）、イエスの埋葬（27・57〜61）、墓での看守たち（27・62〜66）。

ｂ　**復活**　これらの物語（28・1〜17）は、大宣教命令（28・18〜20）でクライマックスを迎える。

B 著者――マタイ福音書は誰が書いたのか

学者たちはしばしば、四福音書は著者名を明示していない、つまり名前によって著者を特定できないと主張する。この主張は、例えばパウロのローマ人への手紙のように、冒頭で著者と最初の読者が明示されているものを比較基準とするならば、技術的には正しい。マタイ、マルコ、ルカ、ヨハネによる福音書は、誰が書いたか明示されていない。しかし、これらの福音書が「マタイの」などのタイトルなしで流布された証拠はない。タイトルは最初から作品の一部であった可能性が高く、「～の」という表現は著者と理解される人物を紹介するものである。一つの福音が四つの形式で流通した――「マタイの」「マルコの」「ルカの」「ヨハネの」のである。マタイの著者は使徒である「取税人マタイ」（10・3）であったと思われる。一点において、この福音書の作者についてはほとんど疑問はない。作者が使徒ではないと判断しても、その意味も権威も大きく変わることはない。

C 執筆場所――マタイ福音書はどこで書かれたのか

マタイがこの福音書をどこで書いたかは定かではない。シリアのアンティオキアはユダヤ人人口が多く、異邦人への働きかけの最初の中心地であったため、シリアが最も有力な候補地であるが、この結論には重要なことは特に何もない。

D　年代――マタイ福音書はいつ書かれたのか

多くの現代学者はマタイ福音書が紀元八〇年から一〇〇年の間に書かれたと考えているが、この年代特定の根拠は、真偽を問われている判断網に依存している。証拠の多くは、マタイ福音書が紀元七〇年以前に出版されたことを示唆している。例えば、初代教父たちは、マタイが紀元七〇年以前に出版されたことを一致して認めている。さらに、イエスのいくつかの言葉は、マタイが書いたとき、紀元七〇年に破壊された神殿がまだ建っていたことを示すと考えられる（5・23～24、12・5～7、23・16～22。26・60～61参照）。

E　読者――マタイ福音書は誰に書かれたのか

マタイがこの福音書を書いたのは、ユダヤ人が多く住んでいたであろう自分の地域（パレスチナやシリアなど）の信者の必要を満たすためであったと考えるのが普通である。この福音書はユダヤ教的な特徴を多く含んでいるため、著者が異邦人をおもな読者として想定していたとは容易に想像がつかない。しかし、マタイが特定の場所の読者ではなく、ある種の読者を想定して福音書を書いたというのは、ありえない話ではないだろう。福音書が最初に書かれたのは、すべてのキリスト教徒に読まれるためだったという強い主張がある。

F 目的――マタイ福音書はなぜ書かれたのか

マタイは自分の執筆目的を直接述べていないので、それを説明する試みはすべて、本書内のテーマや、他の福音書が類似したテーマをどのように扱っているのかという比較から引き出される推論でしかない。マタイの主要なテーマは複数あり、複雑で、ある程度論争があるため、一つの限定的目的を明確にすることは困難であろう。

広く認識されているテーマに限定すれば、マタイは少なくとも五つのテーマを伝えることを目的としていると推察するのが妥当である。

1 イエスは約束されたメシアであり、ダビデの子、神の子、人の子、インマヌエル、旧約聖書が指し示す者である。

2 多くのユダヤ人、特にユダヤ教指導者たちは、罪深くもイエスの宣教中にイエスを認識することができなかった。

3 約束された将来の御国は、イエスの生と死、復活、そして昇天によってすでに始まっている。

4 このメシア支配は、ユダヤ人と異邦人を問わず、信者がイエスの権威に服従し、誘惑に打ち勝ち、迫害に耐え、イエスの教えを心から受け入れることによって、自分たちが神の民であり、「御国の福音」の世界に対する真の証人であると示すことによって、この世において継続している。

5　このメシア支配は、旧約聖書における希望の成就であるだけでなく、メシアであるイエスが自ら再臨する時に訪れる、完成された御国の前触れでもある。マタイは、これらの複雑なテーマを、教会の教育や訓練といった多様な必要に応えるためにデザインした。

G　貢献――マタイ福音書は私たちの信仰理解にどのような貢献をしているのか

共観福音書の間には密接な関係があるため、福音書のどれか一つが貢献しているものは、三福音書すべてが貢献しているものと照らし合わせて評価されなければならない。全体として、福音書はイエスの人物像、宣教、教育、受難、復活に関する重要かつ根幹的証言である。一つひとつが、それぞれに独自の視点を提供している。マタイには、少なくとも六つの独特な強調がある。

1　**説話**　マタイは、上記五つの主要な説話の中で、イエスの教えの大部分を記録している。

2　**処女懐胎**　マタイはルカを補うように、ヨセフの視点で描かれたイエスの処女懐胎の代替記述を提供している。他には記録がない誕生物語に出てくる物語（例えば、東方の博士の訪問、エジプトへの逃亡）は別として、この物語全体は旧約聖書と強く結びついている。

3 **旧約聖書の使用**　マタイによる旧約聖書の使用は、特に豊かで複雑である。最も顕著な特徴は、マタイにのみ見られ、成就表現によって導入される旧約聖書引用の数（十〜十四の間と推定される）である。マタイは旧約と新約の結びつきをよく理解している。彼の預言と成就の概念は、単なる言葉による予言と実際の出来事における歴史的成就に限定することはできない（ただし、そのような概念を含むこともある）。また、さまざまな予型論を用い、キリストを中心に据えて旧約聖書を読んでいる。

4 **律法**　マタイは律法を内面化し、鋭敏化し、愛の命令の下に収め、その道徳的次元だけを絶対化したり、人々をキリストに導く指導教師として扱っていると考える人は多いが、マタイ自身の表現を使うほうが良いだろう。つまり、イエスは律法を「成就」するために来られた（5・17）。このように、律法には、意図された、預言的機能がある。

5 **イスラエルと教会**　マタイは、旧約聖書を振り返る時だけでなく、教会がどうなっていくかを展望する時にも基礎となるものである。イスラエルと教会の関係については、マタイ、ヨハネ、ローマ人への手紙、ヘブル人への手紙にその起源を見ることができる。マタイは、特にユダヤ人指導者についての理解に役立つ。

6　**イエス**　マタイによるイエスの描写で中心的なものは、そのほとんどが独自性のあるものではないものの、イエスを明らかに際立たせて描写している。マタイは、「ダビデの子」とイエスの癒やしの働きを繰り返し結びつけるように、特定のタイトルをあるテーマと関連付けることによって、濃淡を表現している。また、イエスがインマヌエル「私たちとともにおられる神」（１・23）であると主張するように、他の福音書記者が言及しないような名称を導入することによってもそうしている可能性がある。

H　振り返りとディスカッションのための問い

1　マタイの五つの説話とは。

2　マタイはこの福音書を一つの狭い目的で書いたのではなく、複数の目的をもって書いたと考えるほうが良いのはなぜか。

3　マタイはイエスをどのように明確に描いているか。

I　推薦図書

入門

Carson, D. A. *God with Us: Themes from Matthew*. Brentwood: JKO, 1995.（本書は、家庭での聖書学習や大人のための日曜学校のクラス向けに作られている）

______. *Jesus' Sermon on the Mount and His Confrontation with the World: An Exposition of Matthew 5–10*. Grand Rapids: Global Christian Publishers, 1999.

Wilkins, *Matthew* J. Matthew. NIVAC. Grand Rapids: Zondervan, 2003.

中級

Blomberg, Craig L. *Matthew*. NAC 22. Nashville: Broadman, 1992.

Carson, D. A. "Matthew." In *Matthew–Luke*. Rev. *ed*. EBC 9. Grand Rapids: Zondervan, 2010.

上級

France, R. T. *The Gospel of Matthew*. NICNT. Grand Rapids: Eerdmans, 2007.

第4章　マルコの福音書

A　内容——マルコ福音書には何が記されているのか

マルコによるイエス宣教物語は、活動を中心に描かれる。マルコはイエスの幅広い教えを並べるのではなく、テンポよく場面を変える。この書では、しばしば「すぐに」と訳される言葉が四十二回使われている（新約聖書の他の部分のほぼ三倍）。イエスは常に移動しながら、癒やしを行い、悪霊を追い出し、敵対者に立ち向かい、弟子たちを訓練している。

1　**宣教の前段階**（1・1〜13）「イエス・キリストの福音のはじめ」（1・1）は、イエスの先駆けであったバプテスマのヨハネの働き（1・2〜8）、ヨハネによるイエスの洗礼（1・9〜11）、荒野でのサタンによるイエスの誘惑（1・12〜13）から構成されている。

2　**ガリラヤ宣教第一部**（1・14〜3・6）　イエスはガリラヤで神の国について宣教したが、その内容の要約は、マルコ福音書の展開の速さを印象付ける記述となっている（1・14〜15）。イエスが四人の弟子を召した後（1・16〜20）、マルコは、会堂での教え、悪霊追放、癒やしなど、イエスの働きの日常的特徴をのぞかせている（1・21～34）。そこにある非日常性は多くの人々を惹きつけるが、イエスは足早にガリラヤの他の町へ移動する（1・35～39）。マルコは、別の癒やし物語（1・40～45）の後に、イエスが主張した罪の赦しをめぐるユダヤ人指導者との論争（2・1～12）、「取税人や罪人」との交わり（2・13～17）、弟子たちが規則的に断食しなかったこと（2・18～22）、そして安息日（2・23～3・6）について語る。

3

ガリラヤ宣教第二部（3・7～5・43）　次に展開されているマルコの文章は、イエスの絶大な人気と、癒やしと悪霊を追い出す働きに焦点を当てている（3・7～12）。この箇所では、特に神の国に焦点が当てられる。イエスが十二人の「使徒」を任命するところから始まり（3・13～19）、イエスの家族と「律法の教師たち」の双方から、イエスに対する反発が強まる（3・20～35）。イエスは、この反発を「神の国の奥義」に含まれるものとして説明するためにたとえ話を用いる（4・1～34）。嵐を静め（自然、4・35～41）、男から悪霊の「レギオン軍団」を追放し（悪魔払い、5・1～20）、長血をわずらっている女を癒やし（癒やし、5・25～34）、ヤイロの娘を死から甦らせる（復活、5・21～24、35～43）、という四つの奇跡でクライマックスを迎え、それぞれの奇跡がイエスの奇跡の特徴を表している。

4

ガリラヤ宣教第三部（６・１〜８・26）　マルコは、イエスがガリラヤ湖畔地域（１・16〜５・43の多くの出来事が起こった場所）からガリラヤ丘陵地帯にある故郷ナザレに移動する物語へと移行する（６・１〜６）。この箇所では、イエスの驚くべき力による御業、ユダヤ人のある習慣に対する批判、そしてイエスに対する反発の高まりに再び焦点が当てられる。イエスは十二人を伝道に送り出す（６・７〜13）。イエスが死からよみがえったバプテスマのヨハネであるという噂は、ヨハネの人物像に関する一般的な推定とともに語られ、マルコはヘロデ・アンティパスの手によるヨハネの死をフラッシュバック的に説明することになる（６・14〜29）。十二人が戻った後、群衆が押しかけて来たことによってイエスと弟子たちは荒野に追いやられ、そこでイエスは五千人に食べ物を与える（６・30〜44）。そしてイエスは、ガリラヤ湖を渡る弟子たちと会うべく、水の上を歩いた（６・45〜52）。彼は多くの人々を癒やし（６・53〜56）、ユダヤ人の批判に応えて汚れの本質を説明し（７・１〜23）、ガリラヤ（とイスラエル）を離れて北のツロとシドンに向かい、異邦人の女性の信仰を称賛する（７・24〜30）。イエスはガリラヤ湖周辺に戻り、癒やしを施し（７・31〜37）、四千人に食事を与え（８・１〜13）、「目が見えない」弟子たちに教え（８・14〜21）、体の不自由な人を癒やした（８・22〜26）。

5

栄光と受難の道（8・27〜52） マルコは福音書のクライマックスへと移行する——ペテロはイエスがメシアであることを認める（8・27〜30）。群衆とイエスの奇跡的な力から、弟子たちと十字架に重点が移る。この箇所の中心は、一続きに三度繰り返されていて、この時点におけるマルコ物語の中心的目的を体現する——イエスに従う者は、へりくだり、人に仕えることによって、師に倣わなければならない。

a イエス、その死を予告する	8・31	9・30〜31	10・32〜34
b 弟子たちの誤解	8・32〜33	9・32（33〜34）	10・35〜40
c イエス、弟子の代価について教える	8・34〜38	9・35〜37	10・41〜45

この箇所の出来事には、イエスの変貌（9・1〜13）や若者から悪霊が追い出される（9・14〜29）などがある。この箇所は、エリコでバルティマイに視力を与えたことで結ばれている（10・46〜52）。

6

エルサレムでの最後の働き（11・1〜13・37） この箇所は、イエスの受難に先立つさまざまなユダヤ人グループや当局との対立を描いている。イエスのエルサレム入城が対決の舞台を整え（11・1〜11）、宮きよめが対決を迫る（11・12〜19）。イチジクの木が枯れるのは、信仰の教訓であると同時に、イスラエルの裁きのたとえでもある（11・20〜25）。したがって、「祭司長たち、律法学者たち、長老たち」がイエスの権威に異議を唱えたり（11・27〜33）、イエスがユダヤ人指導者たちの神への反逆が顕著なテーマとなるたとえ話をしたりする（12・1〜12）のは驚くことではない。パリサイ人やヘロデ党の人々は、異邦人支配者に税金を払うことの妥当性についてイエスに質問する（12・13〜17）。サドカイ人は復活の意味について尋ね（12・18〜27）、一人の律法学者は律法の最も偉大な教えは何かと尋ねる（12・28〜34）。最後に、イエスは主導権を握り、詩篇110篇1節の解釈について尋ね、ユダヤ人たちに自分がメシアであるという主張を検討させようとする（12・35〜40）。イエスは、やもめの犠牲的な献金を称賛し（12・41〜44）、オリーブ山の説教では、栄光の凱旋を見据える弟子たちに、将来の苦しみを踏まえて忠実であることを勧めている（13・1〜37）。

7　**受難と空の墓物語**（14・1〜16・8）　マルコはこの書にのみ記された明確な日を記すことによってイエスの受難物語に移る――過越の祭りの二日前、祭司長たちと律法学者たちはイエスの死を企てた（14・1〜2）。「過越の祭りの六日前」（ヨハネ12・1〜8）にベタニヤで行われたイエスの油注ぎの話は、主題的な理由からここに出てくる。イエスの頭に油を注ぐことは、イエスの王としての威厳を示す（14・3〜9）。ユダがイエスを密かに捕える方法を用意している間、イエスはご自身と弟子たちが共に過越の祭りを祝うように手配する（14・10〜26）。イエスの死に言及するために過越の祭りの要素を用いたこの食事の後、イエスと弟子たちは町を出てオリーブ山のゲッセマネに向かい、そこでイエスは苦悶の祈りの後、逮捕される（14・27〜52）。ユダヤ教最高会議である最高法院《サンヘドリン》での夜間の審理（14・53〜65）、その間ペテロは主を否定（14・66〜72）、手際よく朝に行われた最高法院で裁判（15・1）、そしてローマ総督ポンティオ・ピラトの決定的な裁判（15・2〜15）と続く。ピラトはイエスに十字架刑を宣告し、兵士たちはイエスを嘲り、ゴルゴダで処刑する（15・16〜41）。埋葬はその日のうちに行われたが（15・42〜47）、埋葬されたイエスを見た女たちの絶望は、空の墓と天使による復活の告知への畏怖へと変わる（16・1〜8）。（下記の「G　マルコ16・9〜20は本物か?」参照）

Ｂ　著者――マルコ福音書は誰が書いたのか

マルコは匿名である。「マルコの」というタイトルは、紀元一二五年頃までに初代教会の重要な人々が、マルコという人物が第二福音書を書いたと考えていたことを示している。「マルコ」が使徒の働き（12・12、25、13・5、13、15・37）と新約聖書の四通の手紙（コロサイ４・10、ピレモン24、Ⅱテモテ４・11、１ペテロ５・13）で言及されている、（ヨハネ・）マルコであることはほぼ確実である。これ以上説明するまでもなく、これほど有名な初期キリスト教徒のマルコはほかにいないだろう。マルコと第二福音書との関連は、多くの初期キリスト教著述家によって主張され、または想定されている。紀元一三〇年頃までヒエラポリスの司教であったパピアスは、三つの重要な主張をしている（使徒ヨハネを引用していると思われる）――

・マルコが、この名前で特定される福音書を書いた。
・マルコは目撃者ではなく、ペテロから情報を得た。
・マルコの福音書にはペテロの説教にしばしば見られる特徴を反映する修辞的あるいは芸術的な〝秩序〟がない。

この問題に関して、初代教会の一般的な意見を否定する説得力のある理由はないように思われる。

C　執筆場所――マルコ福音書はどこで書かれたのか

マルコが福音書を書いた場所について、初期の伝承は一致していないものの、ローマを支持している。他の候補地としては、シリア（具体的にはアンティオキア）、東方のどこか、ガリラヤなどがある。断定することはできないが、初期の伝承の強さと、新約聖書にそれに反する証拠がないことから、ローマが最良の選択肢であると考えられる。

D　年代――マルコ福音書はいつ書かれたのか

現代学者の大半は、マルコの年代を一世紀の六〇年代半ばから後半としているが、五〇年代と六〇年代のどちらを選ぶかは不可能である。私たちはマルコの年代を五〇年代後半か六〇年代とすることで納得しなければならない。

E　読者――マルコ福音書は誰に書かれたのか

マルコは淡々とした語り方をしている。編集上のコメントは最小限にとどめ、対象読者については何も語らない。したがって、私たちはマルコに関する初期の証言と福音書そのものの性格に頼らざるをえない。

資料によれば、マルコはローマで、おもに異邦人キリスト教徒を読者とするローマ人に向けて書いたとされている。マルコの言葉や言い回しの多くは、ラテン語に由来するか、ラテン語を示唆するものである。これはローマ人読者説にとって、決定的ではないにせよ、適合するものである。マルコはアラム語の表現を翻訳し、食事の前の手洗い（7・3〜4）のようなユダヤ教的習慣を説明し、モーセ律法の儀式的要素の廃止に関心を示しているので（7・19、12・32〜34参照）、マルコが異邦人に向けて書いていることは明らかである。

F　目的——マルコ福音書はなぜ書かれたのか

マルコの目的は、明確なことが何も書かれていないため、判断が難しい。マルコの福音書の内容は、少なくとも四つの目的を示唆している。

1　**イエス**　マルコの福音書は、基本的に「序論が延長された受難物語」（マルティン・ケーラー）である。イエスの奇跡を起こす力（1・16〜8・26が焦点）を、イエスの苦しみと死（8・27〜16・8が焦点）と隣り合わせに据えている。

2　**弟子であること**　マルコは、イエスの予言した苦しみを「弟子としての代価」（8・26〜10・52）と関連付けている。イエスは苦難に満ちた神の御子であり（15・39）、信者はイエスに従う者である。クリスチャンはイエスと同じ道を歩まなければならない。つまり、謙遜、苦難、そして必要ならば死の道を（8・34）。

3　**歴史的記録**　マルコは、キリスト者である読者にイエスの行いと言葉の記録を提供している。マルコの時代には、ペテロのような初期目撃者がこの世を去りつつあったため、この記録は非常に必要とされていた。

4　**福音宣教**　マルコは、⑴イエスの行動に焦点を当て、⑵その構成が初期キリスト教の伝道説教（下記参照）に似ており、⑶「福音」（1・1）について書こうとしていることから、キリスト教徒の読者に良い知らせの知識を習得させたいと考えているように思える。

G　マルコ16・9〜20は本物か？

ギリシア語写本の大半は、いわゆる長いエンディング（KJVでは16・9〜20〔新改訳も〕）を含んでおり、そこにはよみがえりのイエスの数回にわたる顕現、弟子たちへの委託、そして昇天が記されている。現代英語訳は通常、9〜20節を欄外か、注釈付きで印刷する。この語尾がオリジナルであることを否定する論拠は非常に強いので、私たちは（現代の学者の大多数がそうであるように）マルコが9〜20節を書いたとは考えていない。おそらく、マルコ福音書の終わりとして不十分だと思われた部分を補うために、他の誰かがこの長い終わりを作ったのだろう。マルコはおそらく8節で終わるつもりだったのだろう。彼の福音書は、それが物語る歴史の意義についてコメントすることを避け、その代わりに、読者にイエスの物語の多くの究極的な意義を発見させるために、物語そのものに語らせている。福音書のやや謎めいた終わり方は、この戦略に完璧に合致している。読者はイエスがよみがえられたことを知っているが（6節）、女性たちの混乱と驚き（8節）は、それが何を意味するのか私たちに疑問を残す。それこそが、マルコが私たちに問いかけ、答えようとしていることなのだ。

H　貢献――マルコ福音書は私たちの信仰理解にどのような貢献をしているのか

1　**最初の福音書**　マルコは福音書を最初に書いた人物である。彼は、「伝記」と呼ばれるギリシア・ローマ文学スタイルを独自に改良し、「福音書」と呼ばれる文学スタイルを作り上げた。彼はイエスの生涯と宣教のテーマを織り交ぜながら、ナザレのイエス（実在の人間）が神の子であることを伝えている。キリスト者の救いがキリストの死と復活にかかっていることを思い起こさせることで、マルコはキリスト教信仰を歴史的出来事のリアリティと切り離せないものとして結びつけたのである。

2　**構造**　マルコの福音書の順序は、初代教会の説教で明らかにされたものと同じ順序に沿っている。使徒10・36～40のペテロの説教とマルコの構成との類似点を以下の表に記す。

ペテロの説教とマルコの類似点

使徒10章	マルコ
「福音」（36節）	「福音のはじめ」（1・1）
「神はこのイエスに聖霊によって油を注がれました」（38節）	イエスの上に御霊が降る（1・10）
「ガリラヤから始まって」（37節）	ガリラヤ宣教（1・16〜8・26）
「イエスは巡り歩いて良いわざを行い、悪魔に虐げられている人たちをみな癒やされました」（38節）	癒やしと悪霊払いに焦点を合わせたイエスの働き
「私たちは、イエスが……エルサレムで行われた、すべてのことの証人です」（39節）	エルサレム宣教（11〜14章）
「人々はこのイエスを木にかけて殺しました」（39節）	キリストの死に焦点を合わせる（15章）
「神はこの方を三日目によみがえらせました」（40節）	「あの方はよみがえられました。ここにはおられません」（16・6）

マルコの配列は、実際の出来事の経過によってかなり左右されるが、彼の分かりやすい、行動重視の記述は、他の福音書よりも明確にその配列を保っている。マル

コの「説教」構成は、読者が基本的な救いの出来事を理解し、自らの伝道においてそれらの出来事を語るための準備となる。

3 **イエスの受難**　マルコの一連の流れはまた、その中心的な構造的違いを浮き彫りにしている。それは、ペテロが神の力を借りて、ナザレのイエスという人物の本質を見抜いたことである（8・27～30）。マルコの前半（1・1～8・26）はイエスの奇跡を強調し、後半（8・31～16・8）はイエスの苦難と死を強調している。この強調の組み合わせは、マルコの主要な目的の一つを明らかにしている。つまり、イエスは苦難に満ちた神の御子であり、この苦難という観点からのみ真に理解することができる。

4 **弟子であること**　マルコ福音書では、十二使徒は非常に重要な存在であり、マルコが福音書の中で取り上げる弟子たちの模範となっている。十二使徒が常に模範として示されるわけではないことは明らかで、マルコでは特に失敗が目立つ（6・52、8・14～21、14・32～42など）。おそらくマルコは、暗に十二弟子と執筆当時のキリスト者の弟子たちの状況を対比させたいのだろう。前者は十字架と復活の前にイエスに従おうとしたのに対し、後者は幕を開けた救いの新時代の力の助けを借りてイエスに従う。

I　振り返りとディスカッションのための問い

1　マルコの文体と内容はマタイのそれとどう違うのか。
2　イエスの苦しみと私たちの弟子としてのあり方にはどのような関係があるのか。
3　マルコの構造にはどのような意義があるのか。

J　推薦図書

入門

Garland, David E. *Mark.* NIVAC. Grand Rapids: Zondervan, 1996.

中級

Wessel, Walter W. "Mark." In *Matthew-Luke.* Rev. ed. EBC 9. Grand Rapids: Zondervan, 2010.

上級

Edwards, James R. *The Gospel According to Mark.* PNTC. Grand Rapids: Eerdmans, 2002.

第5章　ルカの福音書

A　内容――ルカ福音書には何が記されているのか

1　**前書き**（1・1～4）　ルカは、ギリシア文学に見られるような正式な前書きを用いて福音書を紹介している。

2　**バプテスマのヨハネとイエスの誕生**（1・5～2・52）　ルカの「幼児物語」は、バプテスマのヨハネと並行するイエスの奇跡的な誕生に焦点を当てている。天使が二人の誕生を予告し（1・5～38）、親戚の妊婦であるエリサベツとマリアが出会う（1・39～45）。マリアの賛美（1・46～56）は、バプテスマのヨハネの父ザカリヤの賛美（1・57～79）と一致する。ヨハネは「成長し、その霊は強くなり」（1・80）、イエスは「知恵が増し加わり、背たけも伸びていった」（2・52）。ルカは、ベツレヘムでのイエスの誕生（2・1～7）、羊飼いたちの訪問（2・8～20）、神殿でのイエスの奉献（2・21～40）、そして少年イエスの物語（2・41～52）を記録している。

3 **宣教の準備**（3・1～4・13） ルカはバプテスマのヨハネの働き（3・1～20）、イエスの洗礼（3・21～22）、イエスの試み（4・1～13）を記している。マタイと同様、ルカもイエスの系図を記しているが、その違いは、両者が異なる血統をたどっていることを示す（3・23～38）。

4 **イエスのガリラヤ宣教**（4・14～9・50）

a ルカは、ナザレでのイエスの説教と拒絶（4・16～30）から始めることで、イエスがイザヤ書で預言されたメシアであるという主張を強調している。そして、イエスの典型的な活動である悪魔払い、癒やし、神の国の宣言を記録する（4・31～44）。

b ルカは、弟子たちの集まりとユダヤ当局の反発とを対比させている。イエスは奇跡的な大漁をもたらし、シモンに人々を捕るよう召す（5・1～11）。そして、ツァラアトに冒された人と中風を患っている人を癒やす（5・12～26）。イエスの「罪人」との関わり（5・27～32）、イエスの弟子たちがパリサイ人の断食の規定に従わなかったこと（5・33～39）、そして安息日（6・1～11）をめぐって論争が起こる。イエスは十二使徒を任命する（6・12～16）。

c ルカは、弟子のあり方についてのイエスの教え（6・17～49）、イエスの二つの奇跡（7・1〜17）、バプテスマのヨハネについてのイエスの教え（7・18〜35）、そして罪深い女がイエスに油を注いだこと（7・36〜50）を紹介している。

d　幕間的にイエスに従った女性たちに触れた後（8・1〜3）、種まきのたとえ（8・4〜15）、明かりと耳を傾ける必要性についての教え（8・16〜18）、そしてイエスの「家族」の再定義を、神の言葉を聞き、実行すること（8・19〜21）の観点から語ることで、ルカは神の言葉に応答することの重要性を強調する。

e　ルカは、イエスの特徴的な奇跡を四つの例で取り上げている。「自然」の奇跡である嵐の静まり（8・22〜25）、悪魔払いの例であるゲラサの悪霊につかれている男の解放（8・26〜39）、癒やしの例である長血をわずらっていた女の治癒、そして復活の例であるヤイロの娘のよみがえり（8・40〜56）の四つである。

f　ルカはイエスのガリラヤ宣教物語を、イエスのアイデンティティと弟子のあり方に焦点を当てることで締めくくっている。イエスは十二人を遣わし（9・1〜9）、五千人に食事を与え（9・10〜17）、ペテロに「神のメシア」と認識される（9・18〜27）。そして、イエスの変貌（9・28〜36）、悪霊につかれた少年の癒やし（9・37〜45）、弟子としての教え（9・46〜50）が始まる。

5　**イエスのエルサレムへの旅**（9・51〜19・44）　ルカは、イエスがその御業を完成させるためのエルサレムへの旅に焦点を当てている。

a　ルカは弟子であることに焦点を当て続けている（9・51〜11・13）。サマリア人に拒絶されたイエスは、彼に従うことの代価について警告する（9・51〜62）。イエスは七十二人の伝道者を送り出し、彼らの成功の報告を喜ぶ（10・1〜24）。律法学者との論争の中で、イエスは善きサマリア人のたとえを用いて、隣人に対する真の愛について教えた（10・25〜37）。二人の姉妹のもめごとは、イエスがご自分に耳を傾けることの大切さを再び強調する機会となる（10・38〜42）。この箇所は、祈りのパターンと優先順位についての教えで締めくくられている（11・5〜13）。

b　イエスは再び敵対者に語りかける。サタンの名によって悪魔払いをしたと非難する彼らを叱責し（11・14〜28）、悔い改めを怠った同世代を非難し（11・29〜32）、不信仰の闇を戒め（11・33〜36）、反対派に災いを告げる（11・37〜54）。イエスに反対することは、神ご自身に反対することだとイエスは警告する（12・1～12）。たとえ話を用いて傲慢な金持ちをとがめた後（12・13～21）、イエスは弟子たちに語りかけ、神の摂理を思い起こさせることによって彼らを慰め（12・22～34）、時代を見極めて適切な行動を取る必要性を強調する（12・35～13・9）。彼は安息日に癒やしを行い、さらなる論争を引き起こし（13・10～17、14・1～6）、神の国の最終的な広がりとその入り方について教えている（13・18～30）。エルサレムに対するイエスの嘆きは、多くのユダヤ人が彼に応えられなかったことを強調し（13・31～35）、名誉ある地位を求める人々についての警告（14・7～14）と大宴会のたとえ（14・15～24）でも、この点が繰り返し強調されている。彼はまた、弟子としての代価について、従う者たちに思い起こさせている（14・25～35。9・57～62も参照）。

c　「失われた」羊、ドラクマ銀貨、息子に関する三つのたとえ話（15・1～32）は、神の恵みというテーマを明らかにし、不正な管理人、金持ちとラザロのたとえ話（16・1～31）は、管理責任というテーマを提示している。

d　ルカによるイエスの教えは多岐にわたるが、そのほとんどは神の国とそれに対する適切な応答が中心である（17・1～19・27）。イエスは忠実な奉仕について教え（17・1～10）、サマリア人の信仰を称賛し（17・11～19）、神の国の本質とその最終的な確立について説明する（17・20～37）。信仰と謙遜の持続を呼びかけ（18・1～17）、富の危険性について警告し（18・18～30）、受難を預言し（18・31～34）、目の見えない人を癒やす（18・35～43）。自分の富の使い方に悔い改めを表すザアカイに出会った後（19・1～10）、イエスは、神が私たちに与えてくださったものを自由裁量で使う必要性についてたとえ話をする（19・11～27）。

e　イエス、堂々とエルサレムに入城する（19・28～44）

6　**エルサレムでのイエス**（19・45～21・38）　受難前の数日間、イエスは神殿をきよめ（19・45～46）、教えた（19・47～48、21・37～38）。宗教指導者たちはイエスの権威に疑問を投げかけ（20・1～8）、イエスは悪い農夫のたとえを話す（20・9～18）。イエスを陥れようとする一連の試みの後（20・19～44）、イエスは律法学者らに対して警告を発する（20・45～47）。ルカは、やもめの献金（21・1～4）とイエスの栄光の再臨についての教え（21・5～36）を詳述する。

7　**イエスの受難と復活**（22・1～24・53）

a　ルカは、ユダがイエスを裏切った場面から物語を始める（22・1～6）。イエスは最後の晩餐とそれに関連する教えを詳述する（22・7～38）。兵士たちはゲツセマネでイエスを逮捕し（22・39〜54）、ペテロはイエスを否定し、兵士たちはイエスをあざける（22・55〜65）。この後、イエスはユダヤの最高法院（22・66〜71）、ピラト（23・1〜5）、ヘロデ・アンティパス（23・6〜12）、そして再びピラト（23・13〜25）の前で裁判にかけられ、十字架につけられて葬られる（23・26〜56）。

b　空の墓の説明（24・1〜12）の後、ルカは復活したイエス、およびエマオ途上での二人組の弟子との会話に焦点を当てる（24・13〜35）。イエスは弟子たちの前に再び現れ（24・36〜49）、天に昇る（24・50〜53）。

B　著者――ルカ福音書は誰が書いたのか

匿名ではあるが、ルカ福音書と使徒の働きはおそらく、何かしらの形で名前が付けられることなく広まることはなかっただろう。その内的証拠と初代教会からの証拠は、著者が医師ルカであり、パウロの親愛なる友であることを示している（コロサイ4・14）。初代教会では、ルカが著者であることに異議を唱える者はいなかった。両書には医学的表現が使われているが、そのことはこの説と矛盾しない。ルカはおそらく異邦人であり、ユダヤ教に改宗することはなかったが強い共感を抱いていた（コロサイ4・10〜14）。彼はイエスの宣教の目撃者ではなかったし（ルカ1・1〜4）、使徒の働き後半に出てくる「私たち」の箇所は、彼がパウロの仲間であったことを示唆している。（第7章の「使徒の働きは誰が書いたのか」を参照）。

C　執筆場所――ルカ福音書はどこで書かれたのか

初期伝承では、ルカはローマ出身で、アカイア州で福音書を書いたとされている。後の伝承では、ローマを執筆地としている。アカイア州というのは妥当な推測だが、ルカ福音書を特定の地域と確実に結びつける証拠としては不十分である。

D　年代――ルカ福音書はいつ書かれたのか

ルカ福音書が書かれた年代は、マルコ福音書と使徒の働きの年代と密接に関係している。

1　もしルカがマルコを一次資料として福音書を書いたのであれば、ルカはマルコよりも後に書かれたことになる。

2　使徒の働きはルカ福音書の存在を前提としている（使徒1・1）ので、ルカは使徒の働きより前に存在することになる。

ルカ福音書が書かれた時期については、紀元六〇年代と紀元七五年から八五年の間という二つの選択肢があるが、私たちは前者を選ぶ。ルカの年代を七〇年以降とする唯一の重要な論拠は、マルコの年代を早くとも六〇年代半ばとしなければならないという（説得力のない）議論である。しかし、マルコの年代が五〇年代後半か六〇年代前半だとすれば、ルカは六〇年代半ばか後半に書かれた可能性が高い。

E　読者――ルカ福音書は誰に書かれたのか

ルカは福音書をテオフィロに宛てて書いている。これは、その人の名前かもしれないし、ルカがその人の正体を隠すために偽名を使ったのかもしれない。テオフィロを「尊敬する」と呼ぶことで、ルカはテオフィロが地位のある人物、おそらくローマの貴族であったことを暗示しているのかもしれない（使徒24・2、26・25参照）。彼はおそらく入信したばかりで（ルカ1・4）、ルカの研究や執筆に資金を提供したのかもしれない。

しかし、ルカがより広い読者、おもに異邦人読者を視野に入れていたことはほぼ間違いない。他の福音書と同様、ルカは特定の場所というより、特定の読者に向けて書かれた。

F　目的――ルカ福音書はなぜ書かれたのか

ルカは、テオフィロが「教えられた」ことの「確かさを知る」ために書いている（1・4）。ルカは、テオフィロと彼のような改宗者たちに、神がキリストにおいてなされたことの究極的な意味を知ってほしいと願っている。なぜ彼らは、ギリシア・ローマやユダヤの世界におけるあらゆる宗教的・哲学的選択肢の中で、キリスト教が唯一の「正しい」宗教だと考えなければならないのか。なぜ彼らは、神がナザレのイエスのうちにご自身を明確に現されたと信じ続けなければならないのか。ルカはこれらの疑問に答え、改宗者の信仰を強めようとしている。

G　ルカ福音書はマタイ福音書やマルコ福音書とどう関係しているのか

ルカ福音書は、新約聖書の中で最も長い書物である。マタイ福音書と同様、マルコによるイエスの宣教の基本的なアウトライン、すなわち、宣教の準備、ガリラヤでの宣教、エルサレムへの移動、受難、復活に従っている。しかし、ルカはこの基本的な順序にマタイよりも多くの変更を加えている。特に印象的なのは、イエスのエルサレムへの移動に割かれている分量の多さである。マルコでは一章（10章）、マタイでは二章（19〜20章）を占めるこの部分が、ルカではほぼ十章（9・51〜19・27）を占める。ルカは、ガリラヤでの宣教活動を省略化することによって、この拡大の余地を保っている（マルコ1・14〜8・26、マタイ4・12〜16・12と比較して、ルカ4・14〜9・17）。

ルカはまた、善きサマリア人（10・25〜37）、放蕩息子（15・11〜32）、抜け目のない経営人（16・1〜9）などの有名なたとえ話を含め、他の福音書にはない多くの題材を紹介している。イエスがザアカイと出会ったこと（19・1〜10）、ナインでやもめの息子をよみがえらせたこと（7・11〜17）、十字架上で罪人を赦すよう神に願い（23・34）、死にゆく盗人にパラダイスに入ることを保証したこと（23・43）を記録しているのはルカだけである。

H　ルカ福音書と使徒の働きはどういう関係か

ルカ福音書と使徒の働きの序文を読めば、その関連性は疑う余地がない。使徒の働き1・1で言及されている「前の書」は、間違いなくルカ福音書である。ルカ福音書と使徒の働きは一冊の書物（「ルカ伝・使徒の働き」）であり、一巻のパピルス巻物では両書物を収めることができなかったため、二巻に分冊されたと主張する学者もいる。今日、事実上すべての学者が、両書は同一人物が書いたものであり、そのテーマにもかなりの統一性を見いだしている。両書は、神がイスラエルとの約束を成就させ、ユダヤ人と異邦人の両方から成る世界的な信仰体を創造するために、歴史の中でどのように働いたのかを示している。ルカ福音書と使徒の働きでは、エルサレムに焦点を当てて、この推移を伝えている。ルカ福音書では特にエルサレムに向かう推移が強調され（9・51、13・33、17・11など）、使徒の働きではエルサレムから離れる推移が描かれている。そのほか、救い、聖霊の働き、神の言葉の力などが共通のテーマである。

一方、ルカ福音書の文体は伝記的であるが、使徒の働きは歴史的である。したがって、ルカ福音書と使徒の働きは、互いに密接な関係にある二つの独立した書物と考えるべきだろう。ルカが書き始めたとき、両方の書物を念頭に置いていたことはほぼ間違いないが、文学のスタイル、構造、目的、そしてある程度神学的な問題に関しては、それぞれを単独で考えるべきである。

I　貢献――ルカ福音書は私たちの信仰理解にどのような貢献をしているのか

1　**調査**　ルカの広範囲に及ぶ歴史的調査は、イエスの受胎と誕生から始まり、昇天で終わる。その間に、他の福音書にはないイエスの物語や教えが数多く含まれている。

2　**神の計画**　イエスの誕生、生涯、死、復活の中で起こることは、神がずっと以前に定め、旧約聖書で明らかにした計画を実行に移したことを示す。特定の出来事、特にイエスの十字架上の死（9・22、17・25、22・37、24・7、44）は起こらねばならなかった。

3　**救い**　ルカの中心テーマは、世に救いを与えようとする神の計画である（19・10）。イエスにおいて、神は救い主としてその民のもとに来る。イエスは罪の赦しを与えることによって、失われた人々を救う（1・77、5・17〜26、7・48〜50、19・1〜10、24・46〜47など）。

4 **異邦人**　ルカは決してユダヤ人を無視しているわけではないが、神の救いを最終的に受ける者として異邦人を強調している（4・25〜27、7・1〜10、10・30〜37、17・16参照）。これは、神の民に異邦人が含まれるための準備である（使徒の働き参照）。

5 **虐げられた者たち**　イエスは、ユダヤ社会で虐げられた者たち、すなわち貧しい人々（例えば、1・46〜55、4・18、6・20〜23、7・22、10・21〜22、14・13、21〜24、16・19〜31、21・1〜4）、「罪人」（例えば、パリサイ人の儀式をすべて守らなかった人々、5・27〜32、7・28、30、34、36〜50、15・1〜2、19・7）、女性（7・36〜50、8・1〜3、48、10・38〜42、13・10〜17、24・1〜12）らに関心を示す。ルカはしばしば、社会から取り残された人々がイエスのメッセージに特に反応する姿を描いている。彼は、御国のメッセージを自由かつ心から受け入れるために、この世のもつれを脇に置くことの重要性を、明示的にも暗黙的にも警告している。このメッセージは、一部の神学者、特に解放の神学者たちに利用され、貧しく虐げられた者は神に特別に寵愛され、富める者や権力者は拒絶されると主張する。イエスが貧しい者を祝福し、それに呼応して富める者を「哀れ」（6・20、24）とするような箇所は、まさにそのような見方を示唆しているかもしれない。しかし、イエスは旧約聖書を背景に、「貧しい」と「金持ち」という言葉を用いていることを思い起こさなければならない。この言葉は経済的な意味だけでなく、社会的、精神的な意味も持っていた。イエスの言う「貧しい人々」は、単にお金がないだけではなく、自分たちの必要を満たしてくれる神に依存している人々を指す。イエスの言う「金持ち」は、ただお金を持っているだけでなく、その富と権力を使って貧しい人々を抑圧している人々を指す。ルカによる「貧しい者」と「富める者」の分類を、私たちの文化的な分類に置き換えるには、こうしたニュアンスを考慮しなければならない。

6　社会経済の関心。ルカの社会経済的関心のもう一つの側面は、弟子たちがお金の扱い方によってイエスに従う誠実さを明らかにする必要性を強調していることである（3・10〜14、12・13〜21、16・1〜13、16・19〜31、19・1〜10）。

J　振り返りとディスカッションのための問い

1　ルカはなぜ福音書を書いたのか。

2　他の福音書と比べて、ルカはどこが違うのか。

3 ルカ福音書と使徒の働きはどのような関係か。

4 ルカ福音書の中心的テーマは何か。

K 推薦図書

入門

Bock, Darrell L. *Luke*. NIVAC. Grand Rapids: Zondervan, 1996.

中級

Bock, Darrell L. *Luke*. IVPNTC. Downers Grove: InterVarsity Press, 1994.

Liefeld, Walter L., and David W. Pao. "Luke." Pages 19–355 in *Luke–Acts*. Rev. ed. EBC 10. Grand Rapids: Zondervan, 2007.

Stein, Robert H. *Luke*. NAC 24. Nashville: Broadman & Holman, 1992.

上級

Marshall, I. Howard. *Luke: Historian and Theologian*. Downers Grove: InterVarsity Press, 1970

第6章　ヨハネの福音書

A　内容――ヨハネ福音書には何が記されているのか

1　序章（1・1～18）

神と等しく、神ご自身であるみことばが人となられた。

2　イエスは言葉と行いにおいてご自身を現す（1・19～10・42）。

a　イエスが公に宣教する前段階として、バプテスマのヨハネはイエスについて証言し（1・19～34）、イエスは最初の弟子たちを得る（1・35～51）。

b　イエスの初期宣教活動は、しるし、わざ、言葉から成っている（2・1～4・54）。彼は水をぶどう酒に変え（2・1～11）、神殿をきよめ（2・12～17）、それらを造り替える（2・18～22）。この時、イエスを信頼する多くの人々の信仰が不十分であったこと（2・23～25）が、イエスとニコデモの間のやりとり（3・1～15）、そしてヨハネの解説と思われるもの（3・16～21）の背景となっている。ヨハネは、イエスに関するバプテスマのヨハネの連続した証しについて述べ（3・22～30）、再び解説を加える（3・31～36）。ガリラヤに向かう途中、イエスはサマリアに立ち寄り、サマリアの女とその同胞の多くを自身への信仰に導き（4・1～42）、ガリラヤでは役人の息子を癒やした（4・43～54）。

c　ヨハネはイエスのしるし、わざ、言葉をさらに語るが、今度は反発が高まっている状況である（5・1～7・53）。イエスは安息日に寝たきりの人を癒やし（5・1～15）、そのことが反発を招いたが、イエスはすぐに、御父に対する子としてのイエスの性質に関する質問に話を変える（5・16～30）。自分についての中心的な主張の後、イエスは自分に関する他の証人の名前を挙げている（5・31～47）。イエスが五千人を養い（6・1～15）、水の上を歩いた（6・16～21）ことから、イエスのいのちのパンの話が始まる。そこでイエスは彼自身が真のマナ、食すべき生きたパンであることを主張する（6・22～58）。そのため、さらに迷いが生じる。イエスをめぐって意見が分かれ、弟子たちの中にも反発する者がいる一方、イエスは誰が本当に自分を信じているのかを決める主導権を握っている（6・59～71）。イエスに対する疑念と不安は、その家族の中でさえ続いている（7・1～13）。つまり、仮庵の祭りでの最初のやりとり（7・14～44）は真っ向から対立するものであり、ユダヤ当局からの最初の組織的な反対につながる（7・45～52）。

d　イエスのしるし、わざ、言葉は、過激な対立の中でクライマックスを迎える（8・12～10・42）。仮庵の祭りでの第二ラウンドのやりとりは、イエスが権力者たちに、彼らは悪魔の子であり、イエス自身は「わたしはある」にほかならないと告げることで終わる。そのため、彼を石で打ち殺そうとする無益な試みが始まる（8・12～59）。イエスの生まれつき目の見えない人の癒やしは、罪とその人の状態との関連性を認めず、見えると思っている人々を糾弾することでクライマックスを迎える（9・1～41）。イエスが自らを良い羊飼いとして示し、自らのメシアの群れを神の民としたとき、ユダヤ人は予測どおりの反応を示す（10・1～21）。宮きよめの祭りにおいて、イエスがメシアであり神の子であるという主張は公然と反発を招き、イエスは信者の数が増えることによって方策的に後退を余儀なくされた（10・22～42）。

3　転換（11・1～12・50）

a　ラザロの死と復活の物語は、イエスの死と復活を予期させる伏線であり（11・1～44）、イエスを殺す決断に直結する（11・45～54）。

b　この箇所は「ユダヤ人の過越の祭り」（11・55～57）の間に起こる。真の過越の子羊の死を前にして、マリアはイエスに油を注ぎ、犠牲的な愛を示す。エルサレム入城はイエスの王としての地位を告げるが、この王位が他のどのようなものとも異なっていることを示す不吉な兆候がすでに現れている（12・12～19）。異邦人の到着は、イエスの死と昇天の「時」の到来を告げる引き金となる（12・20～36）。

c　イエスは不信仰の本質とその不可避性を明らかにする（12・20～36）。

4　**イエスは十字架と昇天においてご自身を明らかにする**（13・1～20・31）

a　ヨハネは、主の晩餐が行われたことを報告する代わりに、イエスが弟子たちの足を洗ったことを回想している（13・1～17）。イエスは自分への裏切りを予告し、御父の御心に従いつつ、自分の行く末を託されていることを疑わない（13・18～30）。

b　イエスのいわゆる別れの説教は、そのしるしそのものが起こる前に、イエスの死と昇天の意味を説明している（13・31～16・33）。イエスはまた、自らが昇天後に信者に与える、約束された聖霊の役割についても説明している。

c　イエスはご自身の栄光のために（17・1～5）、弟子たちのために（17・6～19）、後に信じる者たちのために（17・20～23）、そしてクライマックスとして、すべての信者が完成され、ご自身の栄光を見ることができるように（17・24～26）と祈っている。

d　イエスの試練と受難は、イエスの王としての性質を強調している（18・1～19・42）。

e　イエス復活に関するヨハネの記述には、いくつかの復活の場面が含まれており、福音の目的を端的に述べている（20・1～31）。

5　**結び**（21・1～25）　ヨハネは、いくつかの未解決の問題（例えば、ペテロの奉仕への復帰）を解決するだけでなく、象徴的な方法で、教会の成長と賜物と召命の多様性を指し示している。イエスの偉大さへの賛辞（21・25）で締めくくられている。

B　著者――ヨハネ福音書は誰が書いたのか

共観福音書と同様、第四福音書も作者名を明示していない。私たちが検証できるかぎりでは、四福音書が「四重の福音書」として流布し始めると同時に、「ヨハネの」というタイトルが付けられた。これは他の福音書と区別するためであったことは間違いないが、最初からこのタイトルが付けられていたのかもしれない。

要するに、証拠を最も端的に理解できるのは、やはり伝統的な読み方である。ゼベダイの子ヨハネが四番目の福音書を書いた可能性が高い。このことは、この本の権威には何の違いももたらさないが（結局のところ、ルカ福音書は目撃者によるものだとは主張していない）、この本の背景と目的についてどう考えるかには影響を与えている。

C　執筆場所――ヨハネ福音書はどこで書かれたのか

第四福音書は、ヨハネがどこで書いたのかを明らかにしていない。一般的には四つの場所が提案されている――アレクサンドリア、アンティオキア、パレスチナ、エペソである。伝統的な見解は、ヨハネがエペソで書いたというもので、それ以外の場所は教父たちの裏付けがない。もしヨハネがエペソに滞在しながら書いたのであれば、おそらくヨハネはローマ帝国の広い範囲の読者のために準備したのであろう。

D　年代――ヨハネ福音書はいつ書かれたのか

紀元五五年から九五年の間であれば、ほとんどどの年代でも可能である。しかし、もし第四福音書の執筆年代を推定しなければならないとすれば、ごく暫定的に紀元八〇～八五年とすることができる。その理由の一つは、ヨハネがグノーシス主義の初期形態と闘い、第四福音書に対するグノーシス主義者の誤解に対処するために書いた三通の手紙の執筆前に、ある程度の時間を置くためである（23章参照）。

E　執筆理由と読者――ヨハネ福音書はどういう理由で、誰に書かれたのか

まず、ヨハネ自身の目的宣言（20・30〜31）から始めるのが適切だろう。彼は明らかにクリスチャンを励ますためにヨハネの手紙第一を書いたが（Ⅰヨハネ5・13）、福音書の目的は伝道であるように思われる。この印象は、ヨハネ福音書20・31の目的を示す最初の節を「イエスが神の子キリストであることを、あなたがたが信じるため」と表現すべきであるという明確な証拠によって裏付けされている。このように、第四福音書が扱っている根本的な問いは、「イエスとは誰か」ではなく、「メシア、キリスト、神の子とは誰か」なのである。この文脈では、後者の問いは性質を問うているのではなく、独自性を問うている。つまり、「キリストとは誰か」という問いは、ここでは「どのようなキリストのことを言っているのか」という意味ではなく、「あなたはキリストが誰であるかを知っていると主張している。証明してください。彼は誰ですか」という意味に取るべきなのである。クリスチャンならば、そのような質問はしないだろう。なぜならば、その答えをすでに知っているからである。そのような質問をする可能性が最も高いのは、「キリスト」が何を意味するのかを知っていて、ある種のメシア的期待を抱いていて、おそらくキリスト教徒と対話していて、もっと知りた

いと思っているユダヤ人やユダヤ人回宗者であろう。要するに、ヨハネ福音書はその目的が伝道的であるだけでなく、特にパレスチナの外に散らばっているユダヤ人やユダヤ人回宗者に伝道することを目的としている。

F　ヨハネ福音書は共観福音書とどう関係しているのか

相違点

1　ヨハネは、共観福音書に特徴的なイエスの言葉やみわざの多くを省略している。物語的なたとえ話、山上の変貌の記録、主の晩餐実施に関する記録、イエスの簡潔な言葉の数々などである。

2　ヨハネは共観福音書の中心的なテーマ、特に神の国（天の国とも呼ばれる）のテーマを省略している。

3　ヨハネ福音書には、共観福音書では言及されていない内容がかなり含まれている。ヨハネ福音書1～5章に書かれているほぼすべての内容、イエスの頻繁なエルサレム訪問とそこで起こった出来事、ラザロの復活は、すべてヨハネ福音書だけのものであり、イエスの神としての明確な同一性（1・1、18、20・28）、一連の「わたしは～です」という発言（6・35、8・12、28、58、15・1～5など）もヨハネ福音書だけのものである。ヨハネはまた、福音書の他の箇所には見られない、長い対話と説話をも含んでいる。

4　これは、地理的な焦点の違いによって説明できる――ヨハネはイエスの宣教を南（ユダヤとサマリア）ではるかに多く報告しているが、共観福音書は北（ガリラヤ）に焦点を当てている。しかし、すべての違いを地理的な問題に限定することはできない。

類似点

ヨハネはマルコ、ルカ、そしておそらくマタイも読んでいたと思われる。しかし、ヨハネが共観福音書から直接借用したとは証明できない（マタイとルカがマルコから借用した可能性が高いという意味で）。

1　バプテスマのヨハネが証言したイエスへの聖霊の油注ぎ（1・32）、バプテスマのヨハネの水によるバプテスマとメシアが予期していた聖霊によるバプテスマとの対比（1・26）、五千人の給食（6・1～15）、イエスの水上歩行（6・16～21）など、並行する出来事がある。

2　多くの言葉は、少なくとも部分的には対句法をとっている（4・35、44、5・29、

10・14～15、12・39～40、その他多数)。

3　さらに重要なのは、微妙な類似点である。ヨハネも共観福音書も、色彩豊かな比喩やことわざに彩られたイエスを描き出しており、その多くは自然界から引き出されたものである(例えば、４・37、５・19～20ａ、８・35、９・４、11・９～10、10・1以下、12・24、15・1～16、16・21)。四福音書すべてが天の父に対する息子としての独特な感覚をもってイエスを描き、全福音書がイエスがその教えの中で示す独特の権威に注目し、全福音書がイエスが自身のことを人の子として言及していることを示している。

4　さらに印象的なのは、ヨハネと共観福音書が連動した伝統、つまり、必ずしも双方の言葉を借りなくても、相互的に補強したり説明し合ったりしている箇所が数多くある。

ａ　ヨハネは共観福音書にあるいくつかの出来事を説明している。例えば、イエスが神殿滅亡を警告したという告発(マルコ14・58、15・29)は、ヨハネ２・19で唯一適切な説明がなされた。マルコは、なぜユダヤ当局がわざわざイエスをピラトに引き合わせなければならないのか、その理由を説明していない。ペテロが大祭司の中庭に入ることができた理由を説明するのはヨハネだけである

（18・15〜18。マルコ14・54、66〜72参照）。

b　逆に、ヨハネ福音書の数多くの特徴が、共観福音書でのみ報告されている詳細な説明によってなされる。例えば、ヨハネ福音書18〜19章では、裁判はあっという間にローマの法廷に突入するが、ユダヤ人たちがこの裁判を起こすためにどのような司法的行動をとったのか、もしあったとしても、それを知るのは難しいが、共観福音書はその答えを提供している。

G　ヨハネ福音書7・53〜8・11は真正か

姦淫の現場で捕らえられた女の話（7・53〜8・11）は、もともとヨハネ福音書の一部ではなかったことはほぼ間違いない。現代英語版では、この箇所を本文の他の部分から除外するか、脚注に留めるのが妥当だと考えている。これらの節は、私たちに伝わっている事実上すべての初期ギリシア語写本から欠落している。

H　貢献――ヨハネ福音書は私たちの信仰理解にどのような貢献をしているのか

ヨハネの思想はきわめて見事に統合されているため、その構成要素を箇条書きにして区分けしようとする試みは、少なからずそれを誤認させることになるだろう。とはいえ、ヨハネ福音書が貢献するより重要な点には次のようなものがある――

1　**豊かな視点**　同じ物語を別の角度から語ることで、ヨハネは共観福音書だけでは得られないような立体的な奥行きをイエス像に加えている。

2　**神の子**　イエスについて語られる他のすべてのことの基本は、イエスが特別に神の子、あるいは単に子であるということである。イエスは立場的には御父に従い、御父から言動を委ねられたことだけを行い、言葉にするが、御父がなさることはすべて行う（5・19以下）。イエスは神の言葉と行いに勝るものも劣るものをも示さない。

3　**十字架**　イエスは御父を啓示する方であると強調されているが、救いは（グノーシス主義のように）単に啓示によってもたらされるのではない。あらゆる陰謀の策略は十字架と復活に向かう。十字架は単なる啓示の瞬間ではなく、神の子羊の勝利（1・29、36）、世のために与えられる命（6・25～58）、羊のための羊飼いの死（10・11～18）、民族のための一人の人間の犠牲（11・50～52）、そして死によって命と平和と喜びと霊を与える従順な御子の勝利（14～16章）なのである。

4　**「すでに」と「まだ」の緊張関係**　新約聖書のおもな文書にはすべて、以下の緊張感が示されている。⑴神が約束した「終わりの日」は、イエスの宣教、死、復活、そして昇天においてすでに到来している、(2)希望の全容はまだここにあるのではなく、これからやってくる。著者によって、この緊張関係はさまざまな形で表現されるが、ヨハネ独自の強調点は、「現在と未来」というテーマの使い方と結びついている（例えば、2・4、7・6）。その時は「来ようとしており、今や来てしまっている」（4・23、5・25）。イエスは平安を与えてくださったが、この世では悩みを抱えることになる（16・33）。イエスの昇天と御霊の賜物を受けて、私たちは今すぐにでも永遠のいのちを持つことができるが、それは決して将来のすべての希望を引き換えにするものではない（5・28～30）。

5　**聖霊**　御霊を与えることによって、イエスは新しい契約のもとでの特徴を紹介する（3・5、7・37～39）。イエスはご自身の死と昇天の結果として、助け主である御霊を与える（14～16章）。三位一体の教義と呼ばれるようになった要素は、ヨハネの福音書の中で最も明確に表現されている。

6　**旧約聖書の活用**　ヨハネは、例えばマタイほど頻繁に旧約聖書を引用しているわけではないが、彼の旧約聖書使用は、非常に多くの引用と、とりわけイエスがある点で、旧約の敬うべき人物や制度（神殿、ぶどうの木、幕屋、蛇、過越の祭りなど）に取って代わるという主張によって特徴づけられる。

7 **誤解**　イエスの昇天後まで、同時代の人々（彼自身の弟子たちも含めて）に誤解されていたことを、これほどよく伝えている福音書はない。このことは、旧約と新約の関係を考える上で重要である。

8 **神の民**　ヨハネは、神の民に属するとはどういうことなのかという概念に多くの関心を注いでいる。教会の秩序そのものについては何も書かれていないが、神の民の選び、生活、起源、性質、証し、苦しみ、実を結ぶこと、祈り、愛、一致については多くのことが書かれている。

9 **語彙**　ヨハネ福音書は、共観福音書よりも深い内容を提供している面もあるが、比較的限定されたトピックに限られている。これは、ヨハネが語彙を少なくし、特定の単語や表現（例えば、信じる、愛、世界、送る、父）を繰り返し使っている大きな理由である。

10 **神の主権と人間の責任**　ヨハネは繰り返し、選び、信仰、そしてしるしの機能を結びつける複雑さを追求している。もし信仰が、しるしの中に啓示されたことの結果として芽生えるのであれば、しるしは正当に信仰の根拠となる（例えば、10・38）。しかし対照的に、人々はしるしに頼ることを叱責される（4・48）。なぜなら、見て信じるよりも、聞いて信じるほうが優れた信仰だからである（20・29）。最後の結論として、信仰は御子による主権的な選び（15・16）と、御父から御子への贈り物の一部であること（6・37〜44）に基づいている。この真理が、執拗なまでに伝道的な本書の核心である。

I　振り返りとディスカッションのための問い

1　ヨハネ福音書は共観福音書と比べてどうか。
2　ヨハネがこの福音書を書いた目的は何だったのか。
3　ヨハネ福音書の中で、あなたにとって最も印象的なものは何か。

J　推薦図書

入門

Carson, D. A. *The Farewell Discourse and Final Prayer of Jesus: An Exposition of John 14–17*. Grand Rapids: Baker, 1980. Reprinted as *Jesus and His Friends*. Carlisle: Paternoster, 1995.

The Gospel of John. DVD. Directed by Philip Saville. Burbank, CA: Buena Vista Home Entertainment, 2003. (This is a three-hour film presenting John's gospel.

The script follows the Good News Translation verbatim. The film is classy, tasteful, modest, creative, thought-provoking, instructional, edifying, reverent, and accessible.)

Köstenberger, Andreas J. *Encountering John: The Gospel in Historical, Literary, and Theological Perspective*. Grand Rapids: Baker, 1999.

中級

Blomberg, Craig L. *The Historical Reliability of John's Gospel: Issues and Commentary*. Downers Grove: InterVarsity Press, 2001.

上級

Carson, D. A. *Divine Sovereignty and Human Responsibility*. Atlanta: John Knox, 1981. (This is a revision of Carson's PhD dissertation.)

______. *The Gospel According to John*. PNTC. Grand Rapids: Eerdmans, 1991.

Keener, Craig S. *The Gospel of John: A Commentary*. 2 vols. Peabody: Hendrickson, 2003.

第7章　使徒の働き

A　内容――使徒の働きには何が記されているのか

使徒の働きは、三十年にわたる教会史の駆け足の旅である。物語はエルサレムからユダヤ、サマリア、シリア、キプロス、小アジアの多くの都市、マケドニア、ギリシア、そして最後にローマへと移り行く。説教や奇跡から脱獄や難破まで、あらゆる出来事が目撃される。特に二人の人物がこの物語を支配している――ペテロ（1～12章で顕著）とパウロ（13～28章で顕著）である。本書は、神の言葉や教会の成長を強調する重要な要約文（6・7、9・31、12・24、16・5、19・20）によって、六つの部分に分けられている。

1　**教会とその宣教の基礎**（1・1～2・41）、**続いてエルサレムの教会**（2・42～6・7）　教会とその使命は、イエスの働きと言葉に根ざしている。イエスは使徒たちに御霊の到来を準備させ、彼らに世界的宣教の使命を課した（1・1～8）。ルカは、イエスの昇天（1・9～11。ルカ24・50～51参照）、ユダに代わるマッティアの選出（使徒1・12～26）、ペンテコステの日の聖霊降臨（2・1～13）、最初の伝道説教（２・14〜41）を描写している。

　ルカはエルサレムの初代教会の特徴を列挙し（２・42〜47）、ペテロが神殿の境内で足の不自由な人を癒やしたことを描いている（３・１〜10）。これはペテロが再び伝道説教を人々に語るきっかけとなる公的な奇跡である（３・13〜26）。最高法院から反対が起こるが、ペテロとヨハネは「イエスの名によって」語ることをやめるようにという最高法院の要求に大胆にも抵抗する（４・１〜22）。聖霊の力を受けた教会は、全体として使徒たちの導きに従い、神がそのような機会を与えてくださるよう祈った後、大胆に神の言葉を宣べ伝えている（４・23〜31）。しかし、すべてが完璧というわけではない。アナニアとサッピラの夫婦は、初期共同体の自発的な分かち合い活動（４・32〜37）に参加していると嘘をつき、神は彼らを速やかに裁いた（５・１〜11）。使徒たちの盛んな癒やしと説教の働きは（５・12〜16）、再びユダヤ教の指導者たちの反発を招き、使徒たちは再び逮捕され、最高法院の前に引き出される。当時重要なラビであったガマリエルが節度を守るよう助言し、使徒たちは釈放される（５・17〜42）。使徒たちは、みことばの宣教に専念するため、七人を任命し、共同体内の食物分配を管理させる（６・１〜６）。ルカは、このようにして「神のことばはますます広まっていき」と要約している（６・７）。

2　教会のより広い視野——ステパノ、サマリア、サウロ（6・8〜9・31）

ここまで、ルカは初期の信徒たちを、少々変わってはいるが忠実なユダヤ教徒として描いてきた。ルカはここからは、教会が伝統的なユダヤ教の枠を超え始めていることを描いている。ルカはここからは、神殿と律法に反することを語ったという濡れ衣を着せられる（6・8〜15）。ステパノは、自分の教えについての告発に答えるために最高法院の前に引き出された時、ステパノは大胆にもイスラエルの歴史的スケッチを用いて、神の啓示が一つの場所に限定されるはずがないことを示唆し、最高法院のメンバー自身は聖霊に抵抗していると告発する（7・1〜53）。最高法院はステパノを断罪し、石を投げつける（7・54〜60）。

ステパノの大胆な姿勢は、若きクリスチャン運動への反対に火をつけ、「使徒たち以外は」エルサレムを去らざるをえなくなった（8・1〜3）。ピリポはその後、サマリアに福音を伝えた。サマリアはユダヤの北にある領土で、多くのユダヤ人には、せいぜい反逆のユダヤ人としか思われていない人々が住んでいた。サマリア人はピリポのメッセージを信じ、ペテロとヨハネは、サマリア人が本当に神の国を受け入れたのかどうか確認するために遣わされた（8・4〜25）。天使に導かれたピリポは南下し、そこで神は彼を用いてエチオピアの高官を改宗させる（8・26〜

40)。最後にルカは、異邦人への宣教の先駆者として神に選ばれた者の回心と初期の働きについて語る。つまり、タルソのサウロである(9・1〜30)。ルカは最後に、教会の成長についてまとめている(9・31)。

3

ペテロと最初の異邦人改宗者(9・32〜12・24)　ルカは、異邦人がクリスチャンになる道を開いたペテロの役割を描いている。ペテロがリダとヤッファで奇跡を行った後(9・32〜43)、神はペテロを用いて異邦人のローマ兵コルネリウスを教会に招き入れた。幻と聖霊の直接的命令によって、神はコルネリウスとペテロを引き合わせた(10・1〜23)。コルネリウスの家で、神の主導的働きがペテロの福音説教を中断させた。神がコルネリウスに聖霊を与えたことは、神が異邦人をご自分の教会に受け入れたとペテロが認識せざるをえないほど明白であった(10・24〜48)。これによってペテロは、エルサレムの懐疑的ユダヤ人クリスチャンたちに、コルネリウス改宗の実態を安心させることができた(11・1〜18)。アンティオキアの教会にはユダヤ人と異邦人が混在しているため、イエスを信じる者たちに「クリスチャン」という新しい名前を与えることになった(11・19〜30)。ペテロは奇跡的に牢獄から脱出し(12・1〜19)、主の御使いが、ペテロが逮捕されるきっかけとなった迫害を始めたヘロデ・アグリッパ一世を殺した(12・20〜23)。ルカは再び、

「神のことばはますます盛んになり、広まっていった」(12・24)という中間的要約で締めくくっている。

4　パウロは異邦人に向かう(12・25〜16・5)

パウロは本書の残りの部分を独占する。神がパウロを使って異邦人への大規模な福音宣教を切り開いたからである。

a　神の霊は、生き生きとしたアンティオキアの教会を導き、パウロをバルナバとヨハネ・マルコとともに最初の宣教の旅に遣わす(12・25〜13・3)。キプロスでは、ローマの役人が改宗した(13・4〜12)。ピシディアのアンティオキアでは、パウロの伝道は典型的なパターンを示している。パウロは会堂でユダヤ人に説教し、彼らは福音を拒絶する、パウロとその仲間は異邦人に直接目を向け、その後ユダヤ人の迫害によって彼らは移動せざるをえなくなる(13・13〜52)、というパターンだ。彼らはイコニオン(14・1〜7)、パウロが石を投げつけられたリステラ(14・8〜20)、そしてデルベで宣教し、それぞれの町において教会を建て、新しい信者を強めながら、再び海岸へと歩みを戻した(14・21〜28)。

b　アンティオキアに戻った宣教師たちは、異邦人への働きかけについて深刻な論争に直面する。この問題を討議するためにエルサレムで開かれた公会議は、異邦人に律法を要求しないかたちでの福音宣教を支持した。この決断は、教会のあり方を確立し、さらなる成長を可能にする上できわめて重要である（15・1～29）。パウロとバルナバは朗報をアンティオキアに持ち帰り、新たな伝道旅行を計画し始めるが、最初の旅が終わる前に帰国の途についたヨハネ・マルコを同行させることで同意できず、二人は分裂する。バルナバはマルコを連れてキプロスに戻り、パウロはシラスを連れて陸路シリア、キリキア、そして最初の旅で設立された諸教会へと向かう（15・30～41）。ここで、パウロはテモテを勧誘している（16・1～4）。ルカは再び、「こうして諸教会は信仰を強められ、人数も日ごとに増えていった」（16・5）と結んでいる。

5

異邦人世界へのさらなる進出（16・6～19・20）　神の霊は、マケドニアに福音を伝えるようパウロに段階的な指示を与える（16・6～10）。ピリピでは、主がリディアの心を開き（16・11～15）、悪魔払いによってパウロとシラスは一時的に牢獄に入れられる。神は奇跡的に彼らを救い出し、パウロはローマ市民権を利用して釈放された（16・16～40）。パウロとシラスはテサロニケに向かうが、迫害のためにベレア（17・1～9）とアテネ（17・10～15）に行かざるをえなくなる。アテネでパウロは、いわゆるマルスの丘で、知的で懐疑的な異邦人聴衆に説教する（17・16～

34）。

アテネでの成果は乏しいようなので、パウロはコリントで一年半を過ごし、説教し、ローマの役人ガリオの前で自己弁護し、ローマ市民権を持つユダヤ人夫婦プリスキラとアキラを福音の働きに参加させた（18・1～17）。三人はコリントからエペソに向かい、パウロはプリスキラとアキラを残して、カイサリア、アンティオキア、小アジア南部の諸教会に向かった（18・18～23）。一方、エペソでは、プリスキラとアキラが、才能ある青年アポロをより堅固な信仰に導く（18・24～28）。パウロはその後二年半にわたってエペソで宣教し、バプテスマのヨハネの弟子たちを改宗させ、会堂や講堂で説教し、奇跡を行い、この町で有名な魔術を行っていた者らと対決した（19・1～19）。「こうして、主のことばは力強く広まり、勢いを得ていった」（19・20）とルカは再び要約している。

6　**ローマへの道**（19・21～28・31）　パウロの第三回伝道旅行は続き、彼はローマに行く決意を固める（19・21～22）。この決意が、この時点からルカの物語を動かしていく。パウロがエペソを離れるのは、暴動に巻き込まれてからである（19・23～41）。マケドニアとギリシアの諸教会を再訪したパウロは、命を狙われたため、同じルートでユダヤに戻ることを決意する（20・1～6）。帰途、トロアスで説教し、ミレトスでエペソ教会の長老たちと会う（20・7〜38）。彼は、エルサレムでの逮捕が迫っているという警告を耳にしながら、ツロ、カイサリアを経由してエルサレムに到着する（21・1〜16）。その警告はすぐに現実のものとなる。

パウロは、エルサレムのユダヤ人クリスチャンのために、神殿での清めの儀式にお金を払い、参加することで「ユダヤの旗を掲げよう」としたが、それは裏目に出た（21・17〜26）。あるユダヤ人たちは、パウロが神殿に異邦人を連れてきたと考え、暴動が起こったため、ローマ軍が介入することになった（21・27〜36）。パウロは逮捕されるが、連行される前に群衆に演説することを許される（21・37〜22・22）。ローマ市民権を持つ彼は再び有利な立場に立ち、ユダヤの最高法院で弁明することを許された（22・30〜23・10）。主は、パウロを殺そうとするユダヤ人の陰謀にもかかわらず、彼がローマで信仰を証しするために生きることを保証された（23・11〜15）。この脅迫のため、パウロはカイサリアに移され、そこでローマ総督フェリクスの前で弁明する（23・16〜24・27）。パウロがカイサリアの牢獄で二年間苦しんだ後、フェリクスに代わってフェストゥスが現れ、パウロは自分の訴えを聞いてくれるようカエサルに訴えて、この訴訟を強行した（25・1〜12）。しかし、その場を去る前に、パウロはフェストゥスとその客人であるアグリッパ二世とその妹ベルニケの前で再び弁明する（25・13〜26・32）。激しい嵐によってパウロのローマへの旅は中断され、パウロと航海仲間はマルタ島で三か月足止めを食らった（27・1〜28・10）。パウロはついにローマに到着し、そこで自分の家に住み、見張られながらも、自由に福音を宣べ伝えることができるようになる（28・11〜31）。ルカによる福音伝播の旅は、パウロがローマで二年間軟禁されることで終わる。

B　著者——使徒の働きは誰が書いたのか

ルカ福音書も使徒の働きも厳密には匿名だが、これらの書物の著者がルカであることはほぼ間違いない。その証拠の一つが、使徒の働きの四つの箇所（16・8〜17、20・5〜15、21・1〜18、27・1〜28・16）で、著者が通常の三人称の語り（例　彼は、彼を、彼らは、彼らを）から一人称複数の語り（例　私たちは、私たちを）に変更していることである。これらの箇所を読むと、使徒の働きの著者はこれらの箇所で語られている出来事に立ち会い、日記や行程表をつけて使徒の働きに取り込んだと考えるのが自然である。著者はパウロのローマ行きに同行し、パウロが二年間軟禁されていた間、おそらく一緒にいたのだろうから、パウロがその間に書いた手紙の中で、自分のことについて触れていることが予想される——コロサイ人への手紙、ピレモンへの手紙、エペソ人への手紙、そしておそらくピリピ人への手紙がそうであろう。パウロが名前を挙げた仲間は、マルコ、イエス・ユスト、エパフラス、デマス、ルカ、ティキコ、テモテ、アリスタルコ、エパフロディトである。この時点で使徒の働き以外にある証拠が効力を発揮し、可能性のある候補者の中からルカを特定する。初代教会の一致した意見は、パウロの同伴者であり、使徒の働きの著者でもあるのは、「最愛の医者」ルカであるということだ。残念ながら、私たちは彼の経歴についてあまり知らない。（第5章の「誰がルカ福音書を書いたのか」を参照）。

C　年代――使徒の働きはいつ書かれたのか

現在、ほとんどの学者が使徒の働きを紀元八〇年代かそれ以降と推定しているが、その理由は説得力に欠け、根拠のない仮定に基づくものである。年代は六〇年代半ばのほうが、証拠によく合っている。使徒の働きの突然の終わり方が、六〇年代前半の確実な証拠だと考える人もいる。彼らは、パウロがローマで二年間軟禁されていた時にルカがこの本を書き終えたといい、それが唐突な結末の最も分かりやすく自然な説明だと主張する。しかし、唐突な終わり方は、その執筆時期や出版時期を決定的なものとしているわけではない。

D　執筆理由と読者——使徒の働きはどういう理由で、誰に書かれたのか

使徒の働きはルカ福音書と同様、テオフィロに宛てて書かれている（1・1）。しかし、ルカが一個人ではなく、もっと広い読者を念頭に置いていたことはほぼ間違いない。ルカは複数の目的をもって使徒の働きを書いた。

1　**確かなことを伝える**　ルカ福音書と使徒の働きが二冊からなる同じ著作であるなら、使徒の働きにもルカ1・4が当てはまる。すなわち、「すでにお受けになった教えが確かであること」を伝えることである。

2　**ユダヤ人と異邦人の融和**　ペテロとパウロの和解を捏造し、あたかも二人の使徒が教義的に対立していたかのように使徒の働きを理解するのは間違っている。しかしルカは、ユダヤ人クリスチャンと異邦人クリスチャンの間に緊張関係が続いていることを知っていて、ペテロとパウロが信仰の基本をめぐって本質的に一致していることを示したかったのかもしれない。

3　**キリスト教を広め、擁護する**　ルカはいくつかの伝道説教を言い換えて、初期の伝道者たちによる奇跡を語り、パウロの試練と弁明（22〜28章）について、この本のほぼ四分の一を費やしている。彼はおそらく、未信者を福音化し、懐疑的なローマ人の目からキリスト教を擁護するつもりなのだろう。あるいは、ローマ出身の新し

い改宗者が、自分たちの新しい信仰とローマの政治的・社会的アイデンティティとの関係をよりよく理解できるように手助けしたかったのかもしれない。ルカ福音書―使徒の働きに見られる多くの特徴が、異邦人クリスチャンの読者を示唆している。

4

クリスチャンを啓発する　ルカの第一の目的は、神の計画がイエスにおいてどのように成就され、初期教会史の中でどのように展開し続けているかを語ることによって、クリスチャンを啓発することである。おそらくルカが意図した読者は、神を畏れていた人々、つまりコルネリウス（使徒10章）のように、改宗せずにユダヤ教に強い共感を抱いていた異邦人であろう。そのような人々は、ギリシア・ローマ世界に出回っていた宗教的・哲学的多様性の中で、キリスト教（特にユダヤ教）がどのような位置づけにあるのか疑問に思っていただろう。ルカは、キリスト教の歴史的基盤を説明し、教会が聖書の歴史の集大成であることを示すことによって、そのようなクリスチャンを啓発する。神の救いは、イエス・キリストのうちに啓示され、イエス・キリストを通して与えられるものであり、イエス・キリストはその救いのメッセージを使徒たちに託した。聖霊の助けと導きによって、クリスチャンたちは今や、その救いのメッセージを「地の果て」（1・8、13・47）にまで届けている。

E　文学スタイル――使徒の働きはどのような文学スタイルか

私たちが使徒の働きとして知っている書物は、ルカ福音書とともにキリスト教の始まりの歴史の第二巻に属する。「働き／言行録」という言葉は、古代世界で認められていた書物の一種、すなわち、人々や都市の偉大な行いを記した書物を意味する。使徒の働きには教会創設の出来事が記されており、そのほとんどを使徒たちが担っているので、このタイトルは不適切ではない。しかし、ルカ自身の強調点から判断すると、彼は「聖霊の働き」や「イエスが行い始め、また教え始められたすべてのこと」（1・1参照）といったタイトルを好んだのかもしれない。とはいえ、「働き／言行録」は専門的な文学スタイルの名前ではない。ほとんどの学者が、使徒の働きの文体は「歴史」であると認めている（ルカ福音書が「伝記」であるのとは対照的である）。

F　貢献――使徒の働きは私たちの信仰理解にどのような貢献をしているのか

1　**信頼できる歴史**　使徒の働きは、教会の創立と成長に関する実際の歴史的出来事を語っていると主張している。この歴史がなければ、ペンテコステの聖霊降臨、ステパノの殉教、初代エルサレム教会の生活、サマリア人や異邦人に初めて福音が伝えられた経緯など、何も知ることができないからだ。パウロの生涯や宣教の旅についての知識もほとんどなくなるし、彼の手紙や神学を理解するのはますます難しくなる。はたして使徒の働きは歴史的に信頼できるのだろうか？

a　古代の歴史基準は、現代ほど厳密なものではなかったが、古代の優れた歴史家たちは、事実の報告に関して非常に高い基準を持っていたので、現代の歴史家とほとんど変わらなかった。

b　使徒の働きは、他の古代資料と比較しても優れている。その正確さは、三つの分野で目を見張るものがある。それは、一世紀の社会、政治、地理に関する知識、他の古代史家が記録した出来事の報告、そしてパウロの歴史と神学の描写である。

c　それらがすべてルカ独自のスタイルで表現されているからといって、使徒の働きの記述が信頼に値しないということにはならない。ルカは逐語的な報告ではなく、彼自身の言葉で言い換えている。スピーチの多くはもともとアラム語であったため、ルカがそれを訳す必要性が生じた。さらに、ルカが報告しているほぼすべての記述は、彼の要約よりもはるかに長い。今日のニュースの報道方法とは異なり、言い換えや要約でも、スピーチの内容を正確に伝えることはできる。

2　神の言葉

a　成就。ルカは、使徒たちが行った神の言葉の宣言を、イエスが教え、また成就された言葉と注意深く結びつけている。「神の言葉」はこうしてルカの二つの巻を結びつける。イエス誕生の夜、ユダヤの山里で天使が最初に告げた救いが（ルカ2・10〜12）、ついにローマ帝国の首都にもたらされる。ルカはこうして、「私たちの間で成し遂げられた事柄」（ルカ1・1）を旧約聖書の救いの歴史の続きとして提示し、この歴史がキリストにおいて頂点に達し、キリストから聖霊に導かれた使徒たちを通して新しい段階、つまり神の民としての教会へと流れていく様子を示している――したがって、ルカはクリスチャンに、信仰は歴史における神の行為にしっかりと根ざしており、私たちが信じるメッセージは神から送られた同じメッセージであるという確信を与えている。

b　力。神の言葉は力強い。ルカは何度も何度も、教会の成長と力強さは神の言葉のダイナミックな活動にあるとしている。神の言葉を宣べ伝えることは、使徒たちがどこに行ってもすることである。「神のことばを受け入れた」とは、「クリスチャンになった」ことの別表現である（11・1）。特に印象的なのは、ルカが通常、時系列的な要約をする時、神の言葉が「成長した」「広がった」

「増大した」と主張している箇所である（6・7、12・24、13・49、19・20）。

3

神の計画　神の計画の実現は、ルカ福音書―使徒の働きの包括的なテーマである。ルカの福音書は、神のイスラエルに対する約束（1・32〜33、54〜55、68〜79）が、イエスの宣教、死、復活の出来事において、そして究極的には終末の神の民の創造において、いよいよ成就することを告げている。使徒の働きは、「地の果てまで」救いをもたらすという神のご計画が、神のしもべであるメシアの死と教会の継続的な証しにおいて、どのように成就されたかを示している。ルカは福音書と同じように、使徒の働きでも神の計画を告げる。神の介在の周知（使徒1・16、21、3・12、4・21、9・16、14・21、17・3、19・21、23・11、27・24）、天使の介入（5・19、21、12・7〜11、23、27・23〜24）、幻（10・10〜16、16・9、18・9、22・17〜21）、そして聖書の成就（1・20、2・16〜21、25〜28、34〜35、3・22〜23、4・11、25〜26、7・48〜49、8・31〜35、13・33〜37、40〜41、47、15・15〜18、17・2〜3、26・22〜23、28・25〜27）。

ルカはとりわけ、二つの重要な出来事が神の計画に根ざしていることに注意を払っている。その二つとは、イエスの十字架刑（2・23、4・27〜28、13・27など）と、神の民に異邦人が含まれること（10・1〜16、13・47、15・15〜18など）。どちらの出来事も、初期キリスト教徒が救いの歴史を解釈する上で、重要であると同時に論争の的となる要素だった。

4 **未来の存在**　初期キリスト教徒は、キリストと聖霊の到来によって「終わりの日」が始まったと理解していた。旧約聖書預言書では、「終わりの日」とは、神がご自分の民を救い、敵を裁くことによって、ご自分の約束を果たす時を指している。ルカは、裁きの日と究極的な救いが将来にあると明確に認識しているが（3・21、10・42参照）、初期キリスト教徒がその「終わりの日」に生きていることを示すことに特に関心を寄せている（例えば、2・16～17、その他多くの旧約聖書の引用）。

5 **救い**

a 「すでに」と「まだ」。使徒の働きは、ルカ福音書を貫く救いのテーマを継続している（使徒2・21、47b、4・12、5・31、13・23、26、47、16・31、28・28）。弟子たちは当初、救いとはイスラエルに地上王国が回復することを意味すると期待していた（1・6）。イエスはそうなることを明確に否定はしていないが、使徒たちの証しを強調することは、神の国の救いの力が、福音宣教によって与えられる罪の赦しの中で現実化されることを示唆している。

b 前進。ルカは、救いのメッセージの連続性を明らかにする一方で、そのメッセージから新たな意味合いが段階的に展開されることも明らかにしている。初期キリスト教徒は、イエスが約束されたメシアであり、それゆえにメシア時代が幕を開けたと信じるユダヤ人だった。これらのユダヤ人クリスチャンは神殿での礼拝を続け、律法とその制度にも忠実であったようだ。教会がこのユダヤ教的な考え方から、より普遍的な方向へ向かっていったのは、段階的なものであった。神は、律法がもはや中心的な役割を果たさず、異邦人もユダヤ人と等しく神の祝福を分かち合う新しいみわざを行うことを明らかにされたからである。使徒の働きはこの経過を描き、28・25～29のパウロの発言でクライマックスを迎える。不信心なイスラエルは、メシアであるイエスを受け入れることを頑なに拒んだ。ゆえに、神の救いは心を開いた異邦人にも提供される。

6　パウロ

教会を普遍化するこの働きの主役はパウロである。彼は救いの歴史の新たな時代を築く上で、決定的な役割を果たす。けれども、ルカ福音書−使徒の働きの主役はイエスであるため、パウロにあまり目立つ位置を与えないように注意しなければならない。

7　聖霊

ａ　ルカは福音書と使徒の働きで聖霊の役割を並行して説明している。御霊は宣教初期にイエスに油を注ぎ、初めから教会の働きを力づけた。イエスは御霊の力でしるしと不思議なわざを行い、使徒たちは御霊の力で人々を癒やした。ルカの福音書でも使徒の働きでも、聖霊が出来事を導いている。

b　使徒の働きは、特に聖霊の預言的活動に焦点を当てている。聖霊は初期クリスチャンたちに証しをするように勧め（4・8、31、7・55、13・9など）、使徒たちが宣教する道筋を導いている（8・29、39、11・12、13・2、16・6、7、20・22）。ここで重要なのは、使徒の働き2・17でペテロがヨエル書2・28を引用していることだ。「神は言われる。終わりの日に、わたしはすべての人にわたしの霊を注ぐ。あなたがたの息子や娘は預言し、青年は幻を見、老人は夢を見る。」

c　使徒の働きの重要な局面で、聖霊は人々に「臨み」、あるいは人々を「満たす」。ペテロのペンテコステのメッセージに応答した人々（2・38）、改宗したサマリア人（8・15〜17）、コルネリウスとその家族（10・44）。御霊の保有は、（信仰、悔い改め、水のバプテスマとともに）人が終末の日の来るべき神の民に属することを示す指標の一つである（11・15〜17、15・8〜9）。

8　神の民

使徒の働きにおけるルカの最大の目的は、クリスチャンが「私たちは何者なのか」という問いに答えられるようにすることだろう。二千年にわたる教会の歴史は、時として、その問いが最初の信者たちにとってどれほど基本的なものであったかを私たちに分からなくしてしまう。信者の中にユダヤ人しかいない中で、他の人々がこの新しいグループを、メシアが誰であるかについて狂った考えを持つユダヤ人一派にすぎないと考えたのも当然かもしれない。しかし、サマリア人や異邦人が入信し始めるとすぐに、キリスト教をユダヤ教の一部とみなすことは不可能になった。キリスト教は新しいものであり、もちろん古いものとの連続性はあるが、それとは異なるものでもある。そのため、この新しいグループを識別するために新しい名前を作らなければならなかった。それが「クリスチャン」、キリストに従う者たちである（11・26）。

G　振り返りとディスカッションのための問い

1　使徒の働きの内容を一文で要約せよ。

2　使徒の働きの文体はルカ福音書とどう違うのか。

3　ルカはなぜ使徒の働きを書いたのか。

4　もし使徒の働きがなかったら、救いの歴史の展開を理解する上で何が欠けていただろうか。

5　使徒の働きは、未信者に伝道する原動力をどのように与えてくれるだろうか。

H．推薦図書

入門

Fernando, Ajith. *Acts*. NIVAC. Grand Rapids: Zondervan, 1998.

Stott, John. *The Message of Acts: To the Ends of the Earth*. BST. Downers Grove: InterVarsity Press, 1990.

中級

Longenecker, Richard N. “Acts.” Pages 663–1102 in *Luke–Acts*. Rev. ed. EBC 10. Grand Rapids: Zondervan, 2007.

Marshall, I. Howard. *The Acts of the Apostles*. TNTC. Grand Rapids: Eerdmans, 1980.

上級

Peterson, David. *Acts*. PNTC. Grand Rapids: Eerdmans, 2009.

第8章　新約聖書書簡

新約聖書二十七巻のうち六巻を除くすべてが書簡であり、新約聖書本文の三五パーセントを占めている。なぜ手紙なのだろうか？

1　遠く離れていても通信できる便利な方法だった。

2　使徒たちは遠くからでも存在感を示し、遠く離れた群れを牧会することができた。

A　ギリシア・ローマ時代の文脈における新約聖書書簡

手紙は、ギリシア・ローマ世界で確立された一般的なコミュニケーション手段となった。典型的な手紙には三つの部分があった。

1　あいさつは通常非常に短く、「AからBへ、あいさつを送る」という形が一般的だった。新約聖書の手紙はほとんど、あいさつ文を拡大し、「あいさつ」(chairein)を似た響きの「恵み」(charis)に変えている。古代の手紙は健康を祈る言葉で始まることが多かったが、それはおそらく、新約聖書の手紙における感謝や祝福と類似している。

２　本文は最も長いセクションで、決まった順序はない。その内容は、執筆目的と同じくらいさまざまであった。

３　結びはあいさつで終わる。新約聖書書簡は通常、頌栄や祝福を加える。

新約聖書書簡は古代の書簡に似ているが、その類似性はごく一般的なものである。古代書簡は、広く普及させるために作られた周到な修辞学的名文から、「お金を送ってほしい」という簡潔なものまで、さまざまな分野に散在している。新約聖書書簡は全体としてこの中間に位置し、ローマ人への手紙やヘブル人への手紙など文学的な傾向の強いものもあれば、ピレモンへの手紙やヨハネの手紙第三など一般的な傾向の強いものもある。

Ｂ　筆記者の使用

文書資料の価値が高く、識字率が低かったこともあり、古代の手紙の多くは訓練された筆記者や書記によって口述筆記されていた。例えば、パウロはローマ人への手紙をテルティオに口述筆記させた（ローマ16・22）。手紙を口述筆記させた著者は、通常、自分の手で最後のあいさつを付け加えた（Ⅱテサロニケ３・17、ガラテヤ６・11参照）。確かなことは分からないが、新約聖書の手紙はほとんどこの方法で書かれていると思われる。

作者が筆記者に与える表現の選択の自由度は、筆記者の技量や作者と筆記者の関係によって異なっていた。新約聖書の著者は常に書簡をチェックし、その精度を確認していたと考えられる。

C 偽名と偽書

偽名と偽書は、書かれた著作物を実際の作者以外の誰かによるもののように装うことを指す。

1 **偽名** 問題の著作は偽りの（*pseud-*）名前（*onoma*「名前」）である。例えば、パウロはテモテへの手紙第一と第二とテトスへの手紙の著者として名前が挙げられているが、これらの手紙が偽名であると信じる人々は、パウロが実際にこれらの手紙を書いたことを否定している。

2 **偽書** 疑わしい作品は、偽りに（*pseud-*）帰属する（*epigraphos*「上書き」）。例えば、エペソ人への手紙はパウロの作とされているが、エペソ人への手紙が偽書であると信じる人々は、パウロが実際に書いたものであることを否定している。

残念なことに、現代学者の大半は、新約聖書の一部は偽名であるとしている。エペソ人への手紙、牧会書簡、ペテロの手紙第二は偽書であるというのが大方の意見である。コロサイ人への手紙、テサロニケ人への手紙第二、ペテロの手紙第一を加える人もいる。

予備的観察

1　偽書は古代世界では一般的だった。
2　偽名性は、正式な著作者であることを主張しない匿名性と混同してはならない。例えば、福音書やヘブル人への手紙は匿名である。
3　偽名とは、善意であろうと悪意であろうと、また真の作者によるものであろうと後世の歴史的偶然によるものであろうと、あらゆる偽りの作者であるという見解を含んでいる。例えば、マーク・トウェインのようなペンネームも含まれる。
4　すべての文学的偽造は偽書であるが、すべての偽書が文学的偽造というわけではない。文学的偽造とは、欺く意図を持って書かれた、あるいは改変された作品のことである。新約聖書の信憑性をめぐる議論は、実作者の動機と結びついている。なぜなら、テキストはきわめて初期のものであり、かつきわめて安定しているため、作者とされる人物の名前が最初からそこにあるからだ。偽作者の動機には次のようなものがある。
a　純然たる悪意。

b　金銭目的。
c　嘘だと分かっている立場を支持する。
d　自分たちが真実だと判断した立場を支持する。特に古代の「学校」では、創設者が非常に崇拝されていた。信奉者たちは自分の名前で作品を出版する代わりに、創始者の名前（例えば、ピタゴラス）で作品を出版した。
e　慎み。これは偽りの謙遜かもしれない。自分自身の著作が、古代の聖書の英雄についての著作とされるほど優れていると考えるのは奇妙な謙遜である。
f　出版され、広く読まれてほしいという強い願望。

聖書外の証拠

1　ユダヤ文学では、前三世紀半ばから紀元三世紀にかけて、偽典文学がかなり多く見られ、その多くは「終末論」（広い意味での）と呼ばれるスタイルの文学に属する。例えば第一エノク書がその例である。ユダヤ人による偽名書簡はきわめて稀である。
2　紀元二世紀半ば頃から、偽名のキリスト教著作が増え始めた。それらはしばしば偉大なキリスト教指導者と関連付けられていた（例えば、ペテロの黙示録）。
3　すべての証拠は、教父たちが何を考えていたかについて、はっきりした一つの方向性、つまり、偽名は新約聖書中にはない、ということを示している。

新約聖書内の証拠

多くの学者は、純粋に内面的な理由から、特定の文書が偽書であることを立証しようとする。時代錯誤（例えば、一七七六年に書かれたとされる書簡の中でコンピューターに言及している）、著者の文献に見られない（あるいはまったく異なる使われ方をする）単語や言い回しの割合の高さ、合意された文献の支配的な系統とは相いれない思考や強調の形式などがある。学者によって証拠はさまざまに「紡がれ」、その重みはまったく異なる。しかし、それ以外にも議論すべき二つの内部証拠がある。

1　テサロニケ人への手紙第二の著者は、自分の名前で偽造されたことを知っている。それゆえ、彼は読者たちに、「霊によってであれ、ことばによってであれ、私たちから出たかのような手紙によってであれ、……心を騒がせたりしないでください」（Ⅱテサロニケ２・１〜２）と警告している。そして、彼からのものと称する手紙のどれが本物で、どれが本物でないかを見分けることができるように、何らかの署名や印を彼らに与える（３・17）。

ａ　もし作者がパウロでないとすれば（多くの学者が考えているように）、この偽名作者は、偽名作者を非難するという奇妙な立場、つまり文学的偽造を非難する文学的偽書という立場にあることになる。

b　一方、作者がパウロだとすれば、使徒自身がペンネームを認識しており、（少なくとも自分の名前を使っている場合は）その行為を非難していることが明らかである。

2

初期キリスト教徒たちは、自分たちが大切にしていた著作に使徒の名前を付けたいという大きな衝動はなかったようだ。新約聖書の半分以上は、著者の名前が記されていない書物で構成されている（四福音書、使徒の働き、ヘブル人への手紙、ヨハネの手紙第一。ヨハネの手紙第二、第三の「長老」ですら、あまり明確ではない）。ペテロがマルコ福音書を支えているように、使徒とのゆるやかなつながりが助けになるのは明らかだが、どうやら、文書に書かれている真実と、それを書いた人々の中に聖霊が働いているという証拠が確信につながり、著者として使徒の名前を付ける必要がないと判断されたようだ。このような匿名性の強い伝統を捨ててまで、なぜ作者が自分の名前ではなく他人の名前を自分の著作につける説明をするのか、その責任は偽名作者説を支持する人々にある。

いくつかの最新学説

新約聖書書簡における偽名と偽書については、いくつかの説がある。

1　一部の学者は、新約聖書には偽名や虚偽の記述があり、偽善的であるとしている。この見解を支持する人々は、新約聖書には文学的偽造の例が数多く含まれていると確信しており、この結論にまったくためらいはない。このように、偽名とされるペテロの手紙第二の著者は偽善者であり、明らかに使徒ペテロがこの手紙を書いたと読者を欺こうとしていたという。

2　また、新約聖書には偽名や虚偽の記述はないと主張する者もいる。これらの学者も同様に、偽書にはしばしば欺瞞が含まれることを指摘しているが、教会がそのような欺瞞の兆候をいっさい否定していたことを思い出してほしい。新約聖書の文書には、使徒が著者であるという具体的な主張がある。文書が偽名である場合、執筆者は道徳的に非難されるべきやり方で欺くことを企てたことになる。そして、文書の性質を考えれば、これは単純に信用できない。例えば、エペソ人への手紙の中で、著者は自分の以前の働き、書かれたことと話されたこと（3・3〜4）、鎖につながれたこと、パウロの他の奉仕者たち（例えば、ティキコ、6・21〜22）の働きをまとめたことに言及している。使徒はすでに死んでいたはずなのに、彼は読者たちに彼の必要のために祈るよう勧めている（6・19〜20）。しかし、著者はまた、偽りを捨て、真実を語るよう読者に勧めている（4・25。4・15、24、5・9、6・14も参照）。同様の議論は、新約聖書中の外見上偽書である作品とされるものすべてについても可能である。文書を額面どおりに受け取るほうが賢明なように思える。

3　近年、いくつかの和解的見解が提唱されている。

a　ある者は、聖霊が筆者から真の著者へのギャップを破ったのであり、人間の著者が誰であったかは関係ないと主張する。この立場は誤った預言を無視し、「霊感を受けた」これらの預言者たちが、真実か偽りかどちらかの歴史的主張をしていたことを見落としている。

b　今日、おそらく最も広く支持されているのは、ある種の「学派」理論であろう。この説を支持する人々は、ある種の新約聖書文書が偽名であるという多数派の意見に同意するが、その教会や著者の学派内では、知る必要のある誰もがその文書が筆者によるものではないことを理解していたため、ごまかしはなかったと主張する。これは解決するよりも多くの問題を引き起こす。

要するに、新約聖書の読者は偽名であることを理解していたはずで、ごまかしは効かなかったという見解を正当化するための類例探しは失敗に終わったのである。確かな証拠によれば、新約聖書には偽名があり、本当の著者は読者を欺くつもりであった、あるいは、本当の著者は真実を語るつもりであり、新約聖書には偽名は証明されていない、といういずれかの結論に至らざるをえない。

D　振り返りとディスカッションのための問い

1　新約聖書書簡は古代書簡とどう似ているのか。
2　現代の秘書は、古代の書記とどのように類似しているのだろうか。
3　偽名と偽書は匿名とどう違うのか。現代の例を挙げて答えよ。
4　新約聖書には偽名が登場すると思うか。それはなぜか。

E．推薦図書

入門

Carson, D. A. “Reading the Letters.” Pages 1108–14 in *New Bible Commentary: 21st Century Edition*. Edited by D. A. Carson, R. T. France, J. A. Motyer, and G. J. Wenham. 4th ed. Downers Grove: InterVarsity Press, 1994.

上級

Longenecker, Richard. “On the Form, Function, and Authority of the New Testament Letters.” Pages 101–14, 376 in *Scripture and Truth*. Edited by D. A. Carson and John D. Woodbridge. Grand Rapids: Zondervan, 1983.

O’Brien, Peter T. *The Letter to the Ephesians*. PNTC. Grand Rapids: Eerdmans, 1999. Especially pages 37–47.

第9章　使徒ならびに神学者としてのパウロ

パウロは、おもにキリストにおける神の恵みを解釈し、適用することによって、教会の成長と設立に重要な役割を果たした。彼の十三通の手紙は新約聖書のほぼ四分の一を占め、使徒の働き13章から28章までを含めると、その三分の一近くがパウロで占められている。

A　パウロの背景

パウロの背景を探ることは、彼をよりよく理解し、その言葉をより正確に解釈することにつながる。パウロは書簡の至るところに自身の経歴の大まかな概略を述べているが、基本的な歴史的詳細は使徒の働き22・1～21と26・2～23のパウロの演説にある。

1　誕生

パウロは小アジアの都市タルソの市民として生まれた（使徒21・39、22・3）。さらに重要なことは、彼がローマ市民として生まれたことである（使徒22・28）。これは、ローマ帝国内では比較的少数の者が享受していた特権である。彼がローマ市民であったことは、ローマ帝国への宣教師としての役割を果たすため、パウロが重要かつ摂理にかなった資格を持っていたことを示している（使徒16・37〜39、22・23〜29、25・10〜12参照）。

2 **生い立ち** パウロが「この町で育ち」（使徒22・3）と述べているのは、幼少期をエルサレムで過ごしたことを意味しているのだろう。「ヘブル人の中のヘブル人」（ピリピ3・5。Ⅱコリント11・22参照）である彼と両親は、徹底したユダヤ人であり、パレスチナ人であった。パウロの生い立ちが彼の神学に影響を与えたとすれば、それは彼がユダヤ人でありパレスチナ人であったことが第一義であり、ギリシア人であったことは第二義にすぎない。

3 **教育** パウロは、ユダヤ教で「最も厳格な派」である有力なパリサイ人の正式かつ熱心なメンバーであった（使徒26・5。22・3、ガラテヤ1・14、ピリピ3・5〜6参照）。パリサイ人は「口伝律法」（「昔の人たちの言い伝え」マルコ7・3）に大きな注意を払っていた。それは、モーセ律法を解釈し、補足するための規則集であった。パウロは有名なユダヤ人学者ガマリエル一世の下で修行し（使徒22・3）、ユダヤ教への熱意から初期キリスト教運動を迫害した（使徒22・4a、26・9〜11、ガラテヤ1・13、ピリピ3・6など）。

4 **回心** クリスチャンを迫害していた者が、ダマスコへの途上で復活したイエスと突然相対したことによって、キリストを第一に宣べ伝える者となった（使徒９・３〜６、22・６〜11、26・12〜18、ガラテヤ１・13〜16）。この出来事とそれがもたらした影響は、パウロ神学を形成する多くの点で基礎的な役割を果たした。彼の回心は突然起こった劇的なもので、ユダヤ教の信念に不満があったからとか、神についてより深い経験を求めていたからというようなことはない。また、パウロの回心は宣教への召命であり（使徒９・15、22・15、26・15〜18、ガラテヤ１・16）、特に異邦人に宣教するためのものであった（ガラテヤ１・16、Ⅰテサロニケ２・４、ローマ１・１、５、15・15〜16）。

B　パウロの宣教師としての経歴とその年表

パウロの手紙は、時折、彼の生い立ち、過去の旅行、将来の計画について言及してはいるが、当然のことながら、それは「パウロの生涯」を再構築するのに必要な情報を十分に提供しているわけではない。結局のところ、パウロは特定の問題に対処するために手紙を書いたのであり、自分の歴史に言及しているのは、そのような問題にとって重要な場合か、パウロが特定の状況の中で祈りを要請している場合のみである。伝統的に、パウロの伝道活動の概略は、歴史的に信頼できるルカの使徒の働きが提供する、より詳細で連続したデータに基づいて構築され、パウロの手紙はその一般的な図式に当てはめられてきた。以下の表は、この年表に関する我々の提案をまとめたものである。

パウロの宣教師経歴の年表

パウロの生涯		新約聖書年代	
紀元34～35年（あるいはそれ以前）	回心（使徒9・3～6、22・6～11、26・12～15、ガラテヤ1・15～16）		
35～37年	ダマスコとアラビアでの働き（使徒9・19b～25、Ⅱコリント11・32～33、ガラテヤ1・17）		
37年	第一回エルサレム訪問（使徒9・26～30、ガラテヤ1・21～24）		
37～45年	タルソとキリキアでの働き（ガラテヤ1・21～24）		
45年か46年か47年	第二回エルサレム訪問（飢餓救済）（使徒11・27～30、ガラテヤ2・1）		

46～47年か47～48年	第一回伝道旅行（使徒13・1～14・28）
48年か49年	エルサレム会議（使徒15・1～29）
48年か49～51年	第二回伝道旅行（使徒15・36～18・22。Ⅱコリント11・7～9、ピリピ4・15～16、Ⅰテサロニケ2・2、3・1参照）
52～57年	第三回伝道旅行（使徒18・23～21・15。Ⅰコリント16・8、Ⅱコリント2・12～13参照）
57～59年	エルサレムでの逮捕とカイサリアでの投獄（使徒21・15～26・32）
59～60年	ローマへの旅（使徒27・1～28・10）

46～48年	ヤコブの手紙
48年（エルサレム会議直前）	ガラテヤ人への手紙
50年	テサロニケ人への手紙第一
50年後半か51年前半	テサロニケ人への手紙第二
55年初期	コリント人への手紙第一
56年	コリント人への手紙第二
57年	ローマ人への手紙
50年代半ば～60年代初期（もしエペソで書かれていたら）	ピリピ人への手紙
50年代後半か60年代	マルコの福音書

60～62年	第一回ローマ投獄（使徒28・11～31）	60年代前半	ピレモンへの手紙、コロサイ人への手紙、エペソ人への手紙
62～64年	東方での働き（初期教会教父著書による）	62～63年	ペテロの手紙第一
64～65年	第二回ローマ投獄と死（Ⅱテモテ4・6～8）	60年代半ば	テトスへの手紙、テモテへの手紙第一、第二
		65年直前	ペテロの手紙第二
		60年代半ば	使徒の働き
		60年代半ば～後半	ユダの手紙、ルカの福音書
		70年直前	ヘブル人への手紙、マタイの福音書
		80～85年	ヨハネの福音書
		90年代初頭	ヨハネの手紙第一、第二、第三
		95～96年	ヨハネの黙示録

C　パウロの権威と思想の源流

パウロの手紙は、彼が神から召された使徒であり、完全な使徒的権威を持っていることを自覚していたことを示している。パウロが時折、自分とイエスの教えを区別している（例えば、Ⅰコリント７・６、10、12、Ⅱコリント11・17）のは、混乱を招くかもしれない。しかしパウロは、自分の書いたものが「主の命令」（Ⅰコリント14・37）である以上、自分の教えの権威が低くなるとは言っていない。パウロが区別しているのは、イエスが地上での宣教中に教えたことと、イエスが今パウロを通して教えていることとである。

パウロの教えの源は少なくとも六つある。

１　**啓示**　パウロの福音は「イエス・キリストの啓示によって」もたらされたものであり、「人間から受けた」ものではない（ガラテヤ１・12）。この「啓示」とは、イエスがダマスコ途上でパウロに福音の本質を明らかにし、人生を変えた瞬間のことである（ガラテヤ１・15〜16参照）。

２　**他のクリスチャン**　パウロは、歴史的な詳細など、自分の教えの詳細を他のクリスチャンから「受けた」（Ⅰコリント15・１〜５。ガラテヤ１・18参照）。おそらく、キリスト教の賛美歌のような初期キリスト教の伝統を取り入れたのだろう（例えば、おそらくピリピ２・６〜11）。

3　**地上のイエス**　パウロがイエスの宣教の出来事（イエスの死と復活を除く）に言及したり、イエスの教えを引用したりすることはほとんどないが、パウロはイエスの教えを、引用の数から想像される以上に多く用いていることは確かである。さらに重要なのは、パウロの神学はイエスの教えと互換性があるということだ。

4　**旧約聖書**　パウロの手紙には、明らかに九十回以上旧約聖書が引用され、さらに旧約聖書を暗示する箇所が多くある。旧約聖書はパウロの思考を形成し、イエスの旧約聖書成就はパウロが旧約聖書を読むためのレンズだった。

5　**ギリシア世界**　パウロはギリシア世界をよく知っており、ギリシア語とその概念を使って福音を表現し、照らし出した。

6　**ユダヤ教**　パウロ自身の思考世界は、ユダヤ人としての生い立ちによって決定的に形成された。彼は自らを「ヘブル人の中のヘブル人」であり、熱心なパリサイ人であると語った。彼は当時のユダヤ教の文脈の中で旧約聖書を学んだが、回心したことで自分の信仰を見直さざるをえなくなった。パウロのユダヤ人としての背景の複雑さと重要性こそが、「新しい視点」の議論なのである。

Ｄ　パウロとユダヤ教研究の「新しい視点」

一世紀のユダヤ教は、パウロの生い立ちにおいても、ユダヤ教やユダヤ・キリスト教のさまざまな視点との交流においても、パウロの神学の発展に重要な役割を果たした。この相互作用はガラテヤ人への手紙とローマ人への手紙に顕著に見られるが、程度の差こそあれ、すべての手紙に見られる。したがって、パウロの時代のユダヤ教がどのようなものであったかを明らかにすることは、パウロの手紙を正確に解釈する上で非常に重要である。

「新しい視点」とは何なのか。

現代の〝新しい視点〟をめぐる議論の舞台を整えるためには、きわめてシンプルな歴史的スケッチが必要である。十六世紀のプロテスタント宗教改革者たち、特にマルティン・ルターとジョン・カルヴァンは、パウロのユダヤ教に対する伝統的理解に決定的な影響を与えた。当時のローマ・カトリック教会の救いの教理の中にあったある種の律法主義的な要素に反発していた彼らは、ガラテヤ人への手紙などでパウロが反対していたユダヤ教にも同じような律法主義を見いだす傾向があった。彼らは、パウロ時代のユダヤ人が「行いによる義」を掲げていると信じていた。つまり、人は「律法のわざ」、すなわち神の好意と祝福を受けるために律法に従う功績を積むことによって、神との正しい関係を得ると信じていたというのである。この律法主義に対して、パウロは、神の前での義認は、キリストの完成されたみわざを信じる信仰によってのみ達成されると宣言した。宗教改革者たちはパウロのマントを身にまとい、義認はソラ・フィデ（信仰のみによる）とソラ・グラティア（恵みのみによる）であると宣言した。

一九七七年にE・P・サンダースが画期的な『パウロとパレスチナのユダヤ教』（*Paul and Palestinian Judaism*）を著し、宗教改革者のユダヤ教観に異議を唱えるまでは、ほとんどの学者が宗教改革者のユダヤ教観を受け入れていた。サンダースは、ユダヤ教は律法主義ではなく、「契約遵守主義」、つまり律法（ノモス）に基づく契約を特徴としていたと主張する。ユダヤ人が救われた根拠は、神が彼らを選び、彼らと契約を結んだことにある。彼らは救われるために律法を守る必要はなく、すでに救われていたのだ。彼らが律法に従ったのは、むしろ契約上の地位を維持するためだった。ユダヤ人は「入るため」（律法主義）に律法を守ったのではなく、「とどまるため」（「ノミズム」）に律法を守ったのだ。

この新しいユダヤ教観は、パウロと何の関係があるのだろうか。サンダースは、パウロが契約律法主義を否定したのは、救いは律法やその根底にある契約によってではなく、キリストのみにあると信じたからだと主張する。サンダースの描く一世紀のユダヤ教に同意する学者でさえ、ほとんどの学者はこの見解に満足しなかった。ジェームズ・D・G・ダンが最も説得力のある提案をし、N・T・ライトを含む多くの学者がそれに続いた。

「新しい視点」という言葉を作ったダンは、パウロが反対しているのは、救いを自分たちの民族に限定し、異邦人を排除しようとするユダヤ人の傾向だと主張する。パウロが反対しているのは、ユダヤ教の民族差別主義であって、個人的な律法主義ではない。

ダンの見解と伝統的なパウロ解釈の違いは、おそらくローマ人への手紙３章20節のような文章の解釈上の対立に最も明確に見ることができる。「なぜなら、人はだれも、律法を行うことによっては神の前に義と認められないからです」（ローマ３・28、ガラテヤ２・16、３・２、５、10も参照）。改宗者たちにとって、ローマ３・20はユダヤ人の業義を批判するものであり、それは、人は「業」を行うことによって義とされた、ということを意味する。ダンにとって、ローマ３・20はユダヤ人の民族差別主義を批判するものであり、それは、割礼、安息日、食物の掟などのユダヤ人特有の慣習を含むユダヤ律法を忠実に守ることによって、契約上の地位を維持することが正当化されたことを意味する。

ダンと彼の後に続く人々は、パウロの新しい読み方を提案する。一般的に、三つの傾向が「パウロ研究の新しい視点」を示している。

1　パウロの神学は、救いの歴史という「物語」を背景にして読まれる。（N・T・ライトがその顕著な例である）。その結果、パウロの手紙にある神学的カテゴリーの多くは、伝統的に個人の経験という観点から解釈されてきたが、それをイスラエルと神の民の集団的経験に限定することになる。

2 救われるための二つの相反する手段としての「信仰」と「行い」という宗教改革者たちの基本的な対比は、縮小され、あるいは排除さえされている。パウロの中心的な対比は、人がどのように救われるかではなく、新しい救いの時代の異邦人がどのように神の民に加えられるかということである。

3 義認に関するパウロの教えは、垂直的な焦点（神の前に立つ人間）から、より水平的な焦点（神の民の中でユダヤ人と対等なパートナーとしての異邦人）へとシフトしている。

このように、「新しい視点」は、宗教改革神学の伝統、つまり、信仰によってのみ、恵みによってのみ、神の前に義と認められるという伝統に対する深刻かつ潜在的に破壊的な挑戦を提供する傾向がある。

新しい視点への応答

パウロ研究の新しい視点は、従来の学問におけるユダヤ教に対する偏った見方を修正し、重要な貢献を果たしている。パウロ時代のユダヤ人は、多くの伝統的な描写が示唆するほど律法主義的ではなかった。サンダースは、ユダヤ人の生活と思想の基盤としての契約の重要性を正しく強調した。ユダヤ人は、神が恵みによって自分たちを選んだのだから、自分たちは特別な民だと考えていた。多くのユダヤ人が、律法への服従をこの契約の文脈の中で捉えていたのは間違いない。サンダースが主張するように、彼らは従順のために特別な功徳を主張することはなく、従順は神の民の中で自分たちの地位を維持するための手段だと考えていた。全体として、パウロの思想と教えのユダヤ的背景に注意を向けようとする新しい視点の傾向は、概して歓迎すべきものである。従来のパウロ研究は、人がどのように救われるかにほぼ焦点を当て、新しい救いの時代の異邦人がどのように神の民に加えられるかを軽視してきた。

とはいえ、サンダースのユダヤ教と「新しい視点」の解釈は、逆に行き過ぎた反応である。彼の「契約遵守主義」には修正が必要である。

1　一世紀のユダヤ教において、救いを理解するのは契約遵守主義だけではなかった。サンダースの方法論には重大な欠陥がある。さらに、現存するすべての神学資料が契約律法主義を説いていたとしても、「路上のユダヤ人」の間でも律法主義のかなりの部分を見つけることができるかもしれない。ユダヤ教が間違いなくそうであったように、服従を強調する信仰は、おそらく誤解や教育不足によって、神に報いられるに違いないと思い込んで、服従を価値ある奉仕に変えてしまう信仰者を生み出す可能性がある。キリスト教は、律法にはそれほど重きを置いていないが、確かにそのような信者を生み出している。新約聖書が示唆しているように、一世紀のユダヤ教もそうであったとは考えられないだろうか。

2 サンダースと彼に続く人々は、神とイスラエルとの契約がユダヤ人の律法遵守の出発点であるという仮定に基づいて、一世紀のユダヤ教を誤って解釈している。この時代、ユダヤ教には多くの宗派が存在し、彼らの中には、「入信」することは、契約によって啓示された単なる神の恵みの問題ではなく、人間的な行いを含むものもあった。

3 一世紀のユダヤ人にとって、救いは恵みと行いの両方によるものだったし、パウロが多くの箇所で訴えているのは、まさにこの組み合わせであった。

結局のところ、パウロとユダヤ教との関係を包括的に説明するような新しい視点は、たった一つの最も重要な問題に基づいて否定されなければならない。それは、主要なテキストについて、対抗する学派よりも優れた解釈を提供しているわけではないという点である。

1 宗教改革者たちは、新しい救いの時代において異邦人がどのように神の民に加えられるかに関するパウロの議論のニュアンスや意味合いを見逃していたかもしれないが、彼らが神の救いにあずかる手段としての信仰と行いの間の重要な対比をパウロの中に見いだしたことは正しかった。

2　義認を契約のアイデンティティと神の民への参入という観点から再定義しようとする試みは、何が第一で何が第二なのかを逆転させている。義認という言葉は、第一義的に神との正しい関係（垂直的な関係）を指す。義認の二次的な結果として、その人は神の民に加わる（水平的な関係）。

E　振り返りとディスカッションのための問い

1　パウロの背景を理解することは、彼の手紙をよりよく理解するうえでどのように役立つか。具体例を挙げよ。

2　パウロの宣教活動の年表を通して考えることにどのような価値があるか。

3　パウロの教えの源には、他のものよりも重要なものがあると思うか。それはなぜか。

4　「パウロ研究の新しい視点」とは何か。そして私たちはそれにどう対応すべきだと思うか。あなた自身の言葉で説明せよ。

F．推薦図書

入門

Polhill, John B. *Paul and His Letters*. Nashville: Broadman & Holman, 1999.

中級

Bruce, F. F. *Paul: Apostle of the Heart Set Free*. Grand Rapids: Eerdmans, 1977.

上級

Schreiner, Thomas R. *Interpreting the Pauline Epistles*. Edited by Scot McKnight. Guides to New Testament Exegesis 5. Grand Rapids: Baker, 1990.

______. *Paul, Apostle of God's Glory in Christ: A Pauline Theology*. Downers Grove: InterVarsity Press, 2001.

Thielman, Frank. *Theology of the New Testament: A Canonical and Synthetic Approach*. Grand Rapids: Zondervan, 2005. Pages 219–479.

Westerholm, Stephen. *Perspectives Old and New on Paul: The "Lutheran" Paul and His Critics*. Grand Rapids: Eerdmans, 2004.

第10章　ローマ人への手紙

A　内容――ローマ人への手紙には何が記されているのか

ローマ人への手紙はパウロの最も長い手紙であり、彼の最も重要な教えを含んでいる。

1　序文（1・1〜17）は、福音は神の義の啓示であり、人々は信仰によってのみそれを体験することができるという、この手紙のテーマである言葉で締めくくられている（1・16〜17）。

2　**福音は信仰による神の義である**（1・18〜4・25）　罪はすべての人の心を縛っているが、それを解くことができるのは、信仰によって与えられる賜物として経験される神の行為だけである（1・18〜3・20）。神の御前で罪なき者となるのは、御子の犠牲によってである（3・21〜26）。この義認は、アブラハムの物語が明確に示しているように（4・1〜25）、信仰によってのみ得ることができる（3・27〜31）。

3　**福音は、私たちの現在の地上における生活と将来の裁きの両方における救いのための神の力である**（5・1〜8・39）　義とされることで、神との間に平和がもたらされ、裁きの日に非難を受けない確かな希望が生まれる（5・1〜11）。この希望の根拠は、アダムの罪の影響を逆転させたキリストと信者の関係である（5・12〜21）。クリスチャンは、自信を持ってこの現世の力、つまり、罪（6・1〜23）、律法（7・1〜25）、死と肉（8・1〜13）と戦わなければならない。御霊は、クリスチャンが神の子であり、栄光を経験することを保証する（8・14〜39）。

4

福音とイスラエルの関係は、神の義の正当性を立証するために一つの問いを突きつけている（9・1〜11・36）つまり、契約の特権をイスラエルから教会に移すことは、神がイスラエルとの約束を放棄したことを意味するのか、という問いである。私たちは、決してそうではないと確信している（9・1〜6a）。

a　神の約束は、生まれながらにしてすべてのイスラエル人に救いを保証するものではなかった（9・6b〜29）。

b　イスラエルの民は、キリストにある神の義を受け入れることができなかった（9・30〜10・21）。

c　パウロのように救われるイスラエル人もいる（11・1〜10）。

d　救いが異邦人にもたらされたのはイスラエルを通してであり、イスラエルに対する神の約束が完全に実現するのは、「イスラエルはみな救われる」時である（11・11～36）。

5　**福音は人生を変える**（12・1～15・13）　神の恵みは、愛に貫かれたさまざまな形の犠牲的奉仕に促すはずだ（12・1～21）。クリスチャンは、国の合法的な要求や「隣人を自分のように愛せよ」に要約される戒めを無視してはならない（13・1～14）。強いクリスチャンも弱いクリスチャンも、特定の食物の掟や儀式を守ることについて、互いの意見を尊重し、寛容でなければならない（14・1～15・13）。

6　**結び**（15・14～16・27）　パウロの状況と旅の計画、ローマのクリスチャンへのあいさつ、偽教師への警告、個人的なメモ、そして祝福の言葉を述べている。

B　著者――ローマ人への手紙は誰が書いたのか

ローマ人への手紙はパウロによって書かれたとされており（1・1）、この主張に対する明確な反論はない。テルティオはおそらくパウロの筆記者であった（16・22）。

C　執筆場所――ローマ人への手紙はどこで書かれたのか

パウロは三つの場所（エルサレム、ローマ、スペイン）を旅する予定を明かしている（15・22～29）。彼はエルサレムのユダヤ人クリスチャンに、自分が建てた異邦人キリスト教会からの献金を渡したいと考えており（15・25〜27、30〜33）、ローマ行きをスペインに向かう際の中継地点と考えている（15・24、28。15・19〜20参照）。パウロがローマ人への手紙を書いたのは、第三次伝道旅行の終わりに近い頃であったはずなので（使徒19・21、20・16）、コリントが執筆場所である可能性が高い（使徒20・3、Ⅱコリント13・1、10。ローマ16・1〜2、23、Ⅰコリント1・14参照）。

D　年代――ローマ人への手紙はいつ書かれたのか

パウロがいつローマ人への手紙を書いたかは、パウロがギリシアに三か月間滞在した日による。その期間は、パウロの生涯と働きの年表次第で決まる。最良の選択肢は紀元五七年頃である（第9章の表参照）。

E　読者――ローマ人への手紙は誰に書かれたのか

パウロはこの手紙を「ローマにいるすべての、神に愛され、召された聖徒たちへ」（1・7。1・15参照）送っている。ローマ教会の起源や、パウロがローマ教会に手紙を書いた当時の教会の構造については、はっきりした証拠がない。最も可能性が高いのは、ペンテコステの日（使徒2・10）に改宗したユダヤ人が、そこで最初に福音を伝えたというシナリオだ。

ローマがユダヤ人クリスチャンを一時的に追放したとき、キリスト教に魅せられた異邦人たちが教会を引き継いだのだろう。後にユダヤ人クリスチャンが戻ってきたとき、彼らはおそらく少数派であり、今や支配的な異邦人から見下された目で見られていたかもしれない。

パウロの読者には少なくとも三つの選択肢がある。

1　すべてが、もしくはおもにユダヤ人クリスチャンに向けて

2　すべてが、もしくはおもに異邦人クリスシャンに向けて

3　ユダヤ人、異邦人両方のクリスチャンに向けて

第二の選択肢は第一の選択肢よりも可能性が高いが（1・5～6参照）、第三の選択肢が最も可能性が高い（1・7）。パウロの聴衆には確かに異邦人も含まれているが（1・13、11・13）、16章で彼があいさつするユダヤ人クリスチャンも含まれていると思われる。「信仰の弱い人」（14・1～15・13）は、おそらくユダヤ人クリスチャンの一派であろう。

F　執筆理由――ローマ人への手紙が書かれた理由は何か

パウロがローマのクリスチャンにこのような内容の濃い神学書簡を送った目的は何だったのだろうか。手紙にはその目的が明示されておらず、その目的を判断する唯一の方法は、その内容を特定の場面に照らし合わせることである。パウロの執筆動機に関する意見は、パウ

ロかローマのクリスチャン共同体のどちらかの状況を強調する傾向がある。

パウロ自身の境遇を決め手とする見解は、パウロが関心を注いだ中心的な場所によって分かれるかもしれない。

パウロの状況

1 **スペイン**　ある学者によれば、パウロがこの手紙を書いた第一の理由は、ローマのクリスチャンたちとの関係を築き、彼らがスペインに新しい教会を建てるパウロの宣教を経済的に支援するようにするためである（15・24〜29）。しかし、もしそれがパウロの最大の目的であったなら、15章よりずっと前にスペインについて言及するはずである。また、律法と福音、ユダヤ人とギリシア人に関する救いの歴史をたどる視点から、パウロが神学的なトピックを選んで扱っていることも、十分に説明できない。

2 **ガラテヤ／コリント**　他の学者は、パウロがこの手紙を書いた最大の理由は、ガラテヤとコリントでユダヤ主義者との闘いの中で扱ったユダヤ人問題に対する成熟した見解を共有するためだと言う。この見解は部分的には正しいが、一つの重大な疑問が残されている。それは、なぜこの神学論文をローマに送ったのかという点である。

3

エルサレム　また、パウロがこの手紙を書いたおもな理由は、エルサレムに集まった献金を携えて到着したとき、エルサレムでの演説を「リハーサル」するためだと考える人もいる（15・30〜33参照）。先の二つの見解に対する反論は、ここでも当てはまる。⑴手紙の目的を、ローマ訪問というパウロの願望（パウロは序文と結論の両方で強調している）から切り離している。⑵なぜパウロがこの神学書をローマに送ったのかが説明できない。

ローマのクリスチャンの状況

他の見解では、ローマのクリスチャンの状況、特にパウロが特定の問題を念頭に置いていると思われるローマ人への手紙の一節（14・1〜15・13）を強調している。この箇所は、互いに不寛容である二つのグループ、すなわち「信仰の弱い人」（おそらくおもにユダヤ人クリスチャン）と「信仰の強い人」（おそらくおもに異邦人クリスチャン）を叱責している。この叱責は、数が減少し少数派になったユダヤ人クリスチャンに対して傲慢になりつつあった異邦人クリスチャンに焦点を当てている。このテキストがローマ人への手紙の中心であると主張される。

パウロがこの手紙を書いた目的の一つは、ローマのキリスト教共同体におけるこの分裂を癒やすことであったが、それが第一の目的であったかは疑わしい。

1　パウロがこの神学を実践的に適用するのを14章まで待った理由がよく分からない。

2　1章から11章の内容は、14・1～15・13の勧告の根拠にはならない。

3　パウロは、他の書簡で述べているように、ローマ教会の具体的な必要を必ずしも正確に述べているわけではない。

いくつかの目的

ローマ人への手紙におけるパウロの目的は、これらの具体的な提案に限定されるものではない。ローマ人への手紙におけるパウロの目的について、いくつか説明したほうがいいだろう。「パウロの宣教状況」と呼ぶべきものを形成するためには、さまざまな要因が絡み合っている。パウロがローマ人への手紙を書くのは、そのような状況からである。さまざまな事情から、パウロはこの手紙の中で、福音、特に救いとユダヤ人と異邦人、律法と福音、旧約と新約の連続性と非連続性という歴史的問題に関連するものについての理解を注意深く述べている。

1　ガラテヤとコリントでの過去の戦い

2　迫り来るエルサレムの危機
3　スペインで活動するための宣教基盤を確保する必要性
4　ローマで分裂していたクリスチャン共同体を、福音を中心に団結させることの重要性
5　パウロの神学は反律法的であり、おそらく反ユダヤ的であるとする、彼の神学に対する誤った攻撃（3・8参照）

G　ローマ人への手紙はどのような文体か

ローマ人への手紙は、あらゆる世代のクリスチャンに向けた時代を超越した書物と思われがちだが、そのメッセージは、特定の状況の、特定の聴衆に向けて書かれた文書に埋め込まれている（1・1～17、15・14～16・27）。簡単に言うと、ローマ人への手紙は手紙である。

しかし、どのような手紙なのか。古代世界には、家を離れた子どもからの金銭を要求する短い手紙から、広く読者に届けることを目的とした長いエッセイまで、さまざまな種類の手紙があった（第8章参照）。パウロの手紙は一般的にこの両極端の中間に位置するが、ローマ人への手紙は（エペソ人への手紙を例外とする可能性はあるが）パウロの手紙の中で最も後者に近い。ローマ人への手紙は、パウロが福音の内的論理に従って展開する神学的議論を、

形式的かつ体系的に解き明かした論述である。1章から13章の中で、パウロがローマのクリスチャン共同体内の特定の状況や個人について言及したことは一度もない。

H　貢献──ローマ人への手紙は私たちの信仰理解にどのような貢献をしているのか

ローマ人への手紙には一つのテーマがあるのではなく、いくつかの明確なトピックの中で繰り返されているモチーフがある可能性がある。しかし、テーマを一つに絞るのであれば、「福音」を挙げるのが妥当だろう。

1　福音

ローマ人への手紙の「中心的」テーマについては、さまざまな意見がある。信仰時間の経過とともに、焦点は手紙の最初から最後へと移っていく傾向にある。信仰による義認（1～4章）、キリストとの結びつきと神の霊の働き（6～8章）、救いの歴史とその中のユダヤ人と異邦人の歴史（9～11章）、一致への実践的勧告（14・1～15・13）。これら四つの見解はそれぞれ、時に修正された形ではあるが、現在の研究においても生きている。

a　この単語とそれに関連する「伝道する」という動詞は、導入部と結論部で目立ち、そこは包括的で重要なトピックに遭遇する可能性がある箇所である。

b　「福音」は1・16～17で最も強調されており、これはしばしば（そしておそらく当然のこととして）手紙のテーマを述べたものと受け取られている。

c　ローマ人への手紙はパウロの宣教的状況から生まれたものであり、福音に焦点を当てるのはごく自然なことである。

2　**神学的焦点**　ローマ人への手紙は、パウロ神学を時代を超越して要約したものではないが、新約聖書の他のどの書物よりも、一世紀特定の状況に縛られていない。その福音の展開は体系的であり、現代の読者にも理解しやすい。

3　**連続性と非連続性**　ローマ人への手紙は、初代教会が直面しなければならなかった最も重要な問題を取り上げている。それは、イスラエルと教会の間の連続性と非連続性の度合いである。ローマ人への手紙は、キリスト教神学の基礎となる基本的構成要素を提供している。

4　**個人的救い**　パウロの福音はユダヤ人と異邦人の関係に重要な意味を持つが、ローマ人への手紙1～8章を読むと、パウロの福音が対象としているのは、罪の下に縛られ、イエス・キリストにしかない贖いを必要としている個々の人間であることが明らかである。

5　**義認**　信仰による義認は、パウロが福音を語る上で重要な要素である。「義とされる」とは、神との正しい関係を宣言されることである。この宣告は神の純粋な恵みの現れであり、それゆえ罪深い人間は信仰によってのみ到達することができる、とパウロはローマ人への手紙の中で主張している。現代の神学的風潮は、「信仰による義認」についてのこの宗教改革的理解に多くの点で異議を唱えているが、ローマ人への手紙を注意深く読めば、その真理が再確認され、福音の力にとってきわめて重要であることを思い起こさせる。

6

実践的適用　ローマ人への手紙は神学史上最も偉大な書物であるため、その意義を説明する際、その神学にこだわる傾向があるのはうなずける。しかし、ローマ人への手紙は、福音は徹底した神学的なものであると同時に実践的なものであると主張している。手紙の冒頭で「信仰の従順」（1・5。16・26参照）という表現が示しているように、パウロがローマ人への手紙で示す福音は、人生を変えるメッセージである。キリストにある信仰は、常に主なるキリストへの従順を伴わなければならない。12〜16章はローマ人への手紙の後付けや付録ではない。それらの章は的確に提示されている。なぜなら、福音はその対象である人々を変えないかぎり、真に理解されることも応答されることもないからである。キリストの支配と聖霊の内住は、必然的に私たちの「心を新たにすること」（12・2）、ひいては生き方を変えなければならない。

I　振り返りとディスカッションのための問い

1　ローマ人への手紙の文体は、パウロの他の手紙とどう違うのか。それがローマ人への手紙を読むことにどう影響するのか。

2　パウロがローマ人への手紙を書いた目的は何か。なぜ、これらの目的を意識することが役に立つのか。

3　ローマ人への手紙について、提案されたおもなテーマは何か。あなたにとって中心テーマは何か。

4　ローマ人への手紙1〜11章がおもに神学であるとすれば、残りの部分はおもに適用である。神学と適用との関係は何か。片方はもう片方より評価されるべきなのか。そのどちらかは使い捨てなのか。

5　ローマ人への手紙の中で、あなたにとって特に貴重な箇所はどこか。その一節は手紙全体とどのような関係があるのか。

J　推薦図書

入門

Edwards, James R. *Romans*. NIBC. Peabody: Hendrickson, 1992.

Moo, Douglas J. *Encountering the Book of Romans: A Theological Survey*. Grand Rapids: Baker, 2002.
Stott, John. Romans: *God's Good News for the World*. BST. Downers Grove: InterVarsity Press, 1994.

中級

Moo, Douglas J. *Romans*. NIVAC. Grand Rapids: Zondervan, 2000.

上級

Moo, Douglas J. *The Epistle to the Romans*. NICNT. Grand Rapids: Zondervan, 1996.
Westerholm, Stephen. *Understanding Paul: The Early Christian Worldview of the Letter to the Romans*. Grand Rapids: Baker, 2004.

第11章　コリント人への手紙第一・第二

コリント人への手紙は、ローマ人への手紙に比べると、それほど堅苦しくなく、体系的でもない。これらは「特別な場合」の手紙であって、特定の人に宛てたものであり、具体的な問題に起因するものである。

A　内容――コリント人への手紙第一・第二には何が記されているのか

コリント人への手紙第一

1　パウロは挨拶と感謝で始める（1・1～9）。

2　この教会はクリスチャン指導者を対立的に見ている（1・10～4・21）。彼らは、その知恵と雄弁さゆえに特定の指導者に同調する（1・18～2・5）。しかし、キリストの十字架が神の知恵を明らかにする（1・18～2・5）。御霊も同様で、御霊はそれを理解できるようにしてくださる（2・6～16）。しかし、コリントの信徒たちは、指導者たちは単なる神の農夫、建設労働者、そして仕事の質に対して責任を負う執事であることに気づかず、子どもじみた分派意識で指導者たちを傲慢かつ愚かに尊敬していた（3・1～4・7）。彼らはパウロに倣うべきだ。パウロは彼らを戒め、間近に迫った訪問を知らせる（4・8～21）。

3　報告を受けて、パウロは三つの問題を取り上げている。近親相姦（5・1～13）、信者同士の訴訟（6・1～11）、性的不道徳（6・12～20）の三つである。

4　パウロは、コリントの信徒たちからの質問状（7・1）に対して、取り上げられた六つの重要なトピックについて語っている。

　a　結婚とそれに関連する事柄（7・1～40）。

　b　偶像に献げられた食べ物（8・1～11・1）。自己犠牲的な愛は、偶像に献げられた食物を食べることに関する論争を解決しなければならない（8・1～11、10・23～11・1）。パウロは、一人でも多くの人をキリストに導くために、使徒としての「権利」を自ら放棄し（9・1～23）、同胞のクリスチャンたちに彼の自己鍛錬を真似るよう勧めている（9・24～27）。イスラエルの歴史は、初めはよくても辛抱できず、結果として神の裁きを受けるという不幸な傾向を示している（10・1～13）。クリスチャンは異教の神殿礼拝に参加しないことによって、偶像礼拝から逃れなければならない（10・14～22）。

c　男女の関係、特に教会に集まる時の女性のかぶり物について（11・2～16）。
d　主の晩餐での乱用（11・17～34）。
e　聖霊の賜物の分配と実践（12・1～14・40）。教会に必要なのは、一致における多様性（12・1～31）、愛（13・1～13）、そして公の集会における分かりやすさと適切な秩序（14・1～40）である。パウロは預言と異言の相対的な価値を強調している（14・1～25）。
f　信者の復活（15・1～58）。原型はイエスの肉体的復活である。

5　パウロは最後に、特別献金についての指示、個人的な願い、勧告、挨拶を述べて終わる（16・1～24）。

コリント人への手紙第二

1　パウロは挨拶と長く感動的な感謝の言葉で始めている（1・1～11）。
2　パウロは旅行計画を弁明する（1・12～2・13）。
3　キリスト教宣教の本質は、終末の緊張を正しく見極めることと結びついている。すなわち、終わりの日はすでに始まっているが、まだ完成していない（2・14～7・4）。神ご自身が、この新しい契約による宣教（2・14～3・6）のためにパウロを適任者としてくださったのであり、それは古い契約による宣教よりも優れている（3・7〜18）。パウロは、誠実に福音を宣べ伝えることに献身している（4・1～6）。イエスは宝であり、パウロとその働きは宝を運ぶ土の器にすぎない（4・7～15）。将来において彼の永遠の栄光は、どんな悩みよりもはるかに勝り（4・16～5・10）、キリストの愛は、キリストの大使としてのパウロに和解を告げることを余儀なくさせる（5・11～21）。パウロはコリントの人々に、自分の働きに心を開き、偶像礼拝から逃れるよう懇願している（6・1～7・4）。

4　パウロは、以前彼が訪問と手紙を通して厳しく叱責したことに対して、コリントの信徒たちが悔い改めと心からの悲しみをもって応えてくれたことに安堵し、ほっとしている（7・5～16）。そのため、パウロはエルサレムのクリスチャンのために、惜しみなく献金するよう勧めることができる（8・1～9・15）。

5　パウロ、コリントでの新たな反対勢力に対応する（10・1～13・10）。彼は従順な信仰を訴え（10・1～6）、反対勢力が醜い自慢をしていることを非難する（10・7～18）。彼は偽の使徒を暴き（11・1～15）、愚か者には愚かさに従って答え、敵対する者たちの基準をすべて覆し、彼らが軽蔑するようなことを自慢することによって、自らのささやかな自慢をする（11・16～12・10）。パウロは、十字架を否定する勝利至上主義へと教会を向かわせている反対勢力に対して、断固とした行動を取らないコリントの人々を叱責する。パウロは、彼らに自分が重荷を負わせたり、利用しようとしているのではないと断言する（12・11〜21）。コリントの信徒たちに、自分たちの道を考え直すよう懇願し、必要であれば、三度目の訪問の際に強力な行動を起こすと警告している（13・1〜10）。

6　パウロは最後の訴え、あいさつ、祝福で締めくくる（13・11〜14）。

B　著者――コリント人への手紙第一・第二は誰が書いたのか

両書簡の冒頭でパウロが著者であることが明言されており、この主張に異議を唱える者はほとんどいない。

C　年代――コリント人への手紙第一・第二はいつ書かれたのか

一つの定説がある。使徒の働き18・12〜17には、「ガリオがアカイアの地方総督であったとき」、ユダヤ人たちは一斉にパウロに反抗して立ち上がったとある。クラウディウス皇帝の碑文によれば、ガリオは紀元五一年七月一日（あるいは可能性は低いが五二年）から一年間、この役職に就いていた。ガリオがパウロに対するユダヤ人の訴えを退けた後、パウロは「なおしばらく（コリントに）滞在してから」（使徒18・18）、おそらく五二年の春に「シリアへ向けて船で出発した」。パレスチナでしばらく過ごした後、次の伝道旅行に出て、すぐにエペソに来た。パウロのエペソでの二年半の滞在は、五五年の春まで続いたことになる。パウロはエペソにいたとき、おそらく五五年の初めにコリント人への手紙第一を書き、マケドニアにいたとき、翌年かそのころにコリント人への手紙第二を完成させた（Ⅱコリント2・12〜13、7・5、8・1〜5、9・2）。

D　執筆理由と読者——コリント人への手紙第一・第二はどういう理由で、誰に書かれたのか

コリントはどのような場所だったのか？

ローマの植民地であったコリントは、ペロポネソス半島とギリシアの他の地域を結ぶ海峡上に位置していた。商業に理想的な港町で、ローマ人、ギリシア人、ユダヤ人、自由民、奴隷、金持ち、貧しい人々が住んでいた。ローマ人はその法律、文化、宗教でこの地域を支配した。

旧市街の特徴を新市街に読み込むのはフェアではない。例えば、昔のコリント（ローマの植民地になる前）では、「コリント化する」とは「性的不道徳を犯す」という意味であり、「コリント娘」とは売春婦のことであった。新しいコリントがそのような関わりを続けてい

たとは限らないが、道徳的に清いことで知られていたとは思えない（Ⅰコリント6・12〜20参照）。

コリント人の世界観を形成するのに何が影響を与えたのか

コリントの未熟なクリスチャンたちは、さまざまな社会的圧力の影響を受けていた。

1　知恵と霊性に対するコリント人の誤った考え方の原因は、異教的な過去にあった可能性が高い。

2　コリントは財産を築き、権力、富、名誉を得ることができる都市だった。腐敗したローマのパトロン制度は、社会的な階段を駆け上げる手段となった。有力なパトロンたちは、資金、人脈、包容力を顧客に提供し、その見返りとして、受け手は恩人の評判を広めた。それは、周到に練られた自己宣伝の終わりのないサイクルだった。

3　ギリシアやローマの世界では修辞学が重視され、才能ある話し手は今日の映画スターのように賞賛され、追いかけられた。講演は芸術であると同時に、公共的・政治的コミュニケーションの重要な要素でもあった。

コリントの人たちの問題は、異教への逆戻りではなく、むしろ、彼らのキリスト教信仰が、どんなに誠実であったとしても、周囲の文化から受け継いだ世界観をまだ変えていなかった点にある。さらに、彼らの福音に関する知識は、弱いクリスチャンを傲慢にも滅ぼし（8・1〜11・1）、特定のカリスマ的賜物を愛よりも高く評価する（12〜14）ことを妨げなかった。福音の本質を理解していない人々が、弁論に長《た》けた人々に夢中になるのは簡単なことだった。そのため、コリントの人々は、雄弁で人々を感動させるのではなく、十字架につけられたキリストを宣べ伝えようとするパウロの姿勢を少し軽蔑するようになっていた（Ⅰコリント2・1〜5、Ⅱコリント10・10、11・5〜6）。

分派主義と未熟な期待という問題はコリント人への手紙第二でも繰り返され、パウロは十字架の神学を説明しなければならないことに気づく。神の恵みは弱さの中で完成される。さらに、コリントの信徒たちが自分たちの成熟を強調するのは、まだ来るべき祝福を理解も予期もしていなかった彼らの過信を反映している。

コリント人への手紙第一・第二の中でパウロの敵は誰だったのか

この二通の手紙に登場するパウロの敵対者の性質については、非常に多くの説があるため、三つの注意点を指摘することで、先の歴史的推測を補う必要がある。

1　コリント人への手紙第一の執筆当時、パウロが外部から来た指導者に乗っ取られた教会に直面していたという証拠はない。Ⅱコリント10〜13章の頃には、確かにそうなっていた。したがって、コリント人への手紙第二の状況をコリント人への手紙第一に読み込んではならない。

2　コリント人への手紙第一の背後にある反対運動の根本的な原因が、ユダヤ主義者、つまり、ある意味ではイエスをメシアとして受け入れながらも、異邦人がイエスへの信仰を持つ前に（あるいは少なくともその過程で）ユダヤ教に改宗することを主張するユダヤ人の影響であったという証拠はない。

3　パウロが直面していたおもな問題が本格的なグノーシス主義であったという証拠はない（23章参照）。

しかし、私たちはパウロの敵対者を三つの方法で表現することができる。

1　彼らはどちらからともなく、互いに敵対し、いくぶんパウロと対立している。

2　彼らは傲慢にも、来るべき時代の祝福のすべて、あるいはそのほとんどがすでに最大限に経験されていると思い込んでいる。この霊性の捉え方は、物質的なものを軽視し、倫理よりも地位と関係が深い。

3　Ⅱコリント10～13章に登場する敵対者たちは、新しいタイプのユダヤ主義者だった。彼らは割礼やモーセ律法の詳細な遵守よりも、コリント社会の同時代的な価値観に沿った名声や権力を重視しているようだ。

E　歴史的パズルのピースはどのように組み合わされるのか

パウロは第二次伝道旅行中（使徒18章）、初めてコリントで約一年半にわたって福音を宣べ伝えた。その後、パウロはコリントの信徒たちに少なくとも四通の手紙を書いたが、そのうちの二通は現存していない。

1　**コリント人への手紙A**　この手紙は、不道徳な人々との交際を禁じていた（Ⅰコリント5・9）。

2　**コリント人への手紙B**（コリント人への手紙第一）　コリントでの最初の宣教から約一年後、パウロはエペソで二年半にわたって実り多い宣教を行い、その間にコリント人への手紙第一を書いた。一方、パウロがコリントで築いた土台の上に、他の人たちがやってきて、霊的に未熟なコリントの人たちは、さまざまな指導者を中心に党派的なグループを形成した（Ⅰコリント1・11〜12）。彼らの誠実さは、パウロが5〜15章（上記参照）で答えている問題によって損なわれた。

3　**コリント人への手紙C**　コリントの状況が好転しなかったので、パウロは旅行の計画を変更した（Ⅰコリント16・5〜8、Ⅱコリント1・15〜16）。教会は、パウロが〝偽使徒〟（Ⅱコリント11・13〜15）と呼ぶ、自称クリスチャンの指導者たちに侵略されていた。パウロのコリント訪問は、パウロが警告し（Ⅰコリント4・21）、後に

4

「悲しませる訪問」（Ⅱコリント2・1）と呼んだ、悩ましい対立へと発展した。当時のパウロの立場からすれば、この訪問は完全な失策だった。彼は、これ以上手痛い対立を避けるために、すぐには帰らないことを決意した。しかし、そのことでパウロは気まぐれであるとして告発された（1・16〜2・4）。その期待を明らかにするために、彼は第三の手紙（コリント人への手紙C）を書いたが、それは「大きな苦しみと心の嘆きから、涙ながらに」（2・4）書いたので、「涙の手紙」とか「厳しい手紙」と呼ばれることもあり、悪意の張本人を罰するよう要求した（2・3〜9、7・8〜12参照）。

コリント人への手紙D（コリント人への手紙第二）　パウロは自分の厳しい手紙がどのように受け取られたかを知らなかった。テトスが到着してその知らせを伝えると、パウロの苦悩は一気に喜びへと変わった（Ⅱコリント7・6〜10）。Ⅱコリント1〜9章での彼の受け答えには、最悪の事態が終わったという安堵のため息が漏れている。Ⅱコリント10〜13章の解釈が難しいのはそのためだ。これらの章の論調は、コリントの状況が再び絶望的に危険になったことを想定している（下記参照）。

F　Ⅱコリント10～13章はどうなのか

上記の歴史的、社会的再構成は確かな証拠に基づいており、コリント人への手紙第一とコリント人への手紙第二1～9章は、手紙の断片の継《つ》ぎ接《は》ぎではなく、本物の断片であるという前提を裏付けるものである。しかし、Ⅱコリント10～13章の位置づけについては、その論調が1～9章とあまりにも異なるため、さまざまな議論がある。1～9章と10～13章は、同じ時期に、同じ状況下で、一つの書簡として書かれたと仮定することに疑問を投げかけるほど、明らかに異なる論調なのだろうか。この問題には四つの重要な理論がある。

1　Ⅱコリント10～13章は痛みを伴う厳しい手紙（コリント人への手紙C）であり、Ⅱコリント1～9章はコリント人への手紙Dである。この仮説の長所は、1～9章（喜びと自信に満ちている）と10～13章（怒り、破れ、痛烈な皮肉）の論調の顕著な違いを完全に説明できることである。しかし、この理論は解決するよりも多くの問題を引き起こす。例えば、10～13章には、厳しい書簡の中にあったに違いないと私たちが確信していること、つまり、ある特定の罪人が罰せられるよう要求すること（2・5～6、7・12）が書かれていない。また、コリント人への手紙第二のギリシア語写本には、この手紙がもともと9章末尾で終わっていたことや、10～13章にパウロの手紙によくある序文があったことを示唆するものはない。

2　Ⅱコリント1～13章は一度に書かれた。これはテキスト上の証拠とも一致しており、1～9章と10～13章の間の際立った論調の変化を説明する理論には事欠かない。しかし、私たちの判断では、論調と強調点の違いは十分に強く、何らかの説明が必要であり、提案されている解決策はあまり満足のいくものではない。

3　Ⅱコリント10～13章は、Ⅱコリント1～9章（コリント人への手紙D）に続く第五の手紙（コリント人への手紙E）である。これが近年論客の間で最も有力な説である。この説明の第一の強みは、1～9章と10～13章の論調の大きな違いを完全に説明できることである。この説はありえる（そして最初の二つよりはましだ）が、写本伝承初期に愚かな筆記者が存在したかどうかに、かなり大きく依存しなければならない。

4　Ⅱコリント10～13章は、Ⅱコリント1～9章の少し後に書かれたが、同じ手紙の一部である。第三の説に若干の修正を加えることで、この説は改善される。パウロはテトスからの報告を熱望していたので（Ⅱコリント2・13）、テトスの良い報告を聞くと、すぐにコリントの信徒にその安堵の気持ちを伝えたと考えるのが自然である。彼は、自分の厳しい手紙（コリント人への手紙C）が恐れていたような打撃を与えなかったことを感謝し、コリント人たちが悔い改めと従順をもって応答したことを喜び、最も危険な敵対者が懲戒されたことを知り、勇気づけられた。しかし、彼がこの長い手紙をすぐに書き上げたと考える理由はない。この時期、彼はマケドニアでの宣教に忙殺されており、手紙の完成が数週間、あるいはそれ以上遅れたと考えるのは無理からぬことである。その間にパウロがコリントの状況について追加情報を入手し、教会が再び悲惨な状態に陥ったことを知ったのであれば、10・1から始まる突然の論調の変化は正当化されるだろう。パウロがコリントから悪い知らせを受けたのは、1～9章を書き終えた後であり、手紙を完成させて送り出す前であった。こうして、10～13章にかけて、彼の方針は変わった。

Ⅱコリント10～13章について決定的な説明をするには十分な証拠はないが、第四の説は第三の説よりもわずかに強いように思われる。

G　貢献――コリント人への手紙は私たちの信仰理解にどのような貢献をしているのか

1　福音の適用　コリント人への手紙は、一世紀の言語と文化で教えられた不変の福音が、変化する状況にどのように適用されたかを示している。例えば、復活を否定するコリントの特殊な主張は、二十世紀には好まれないかもしれないが、福音の譲れない部分としてイエスの復活が歴史的事実であると強く主張するパウロの姿勢は、多くの状況に適用できるだろう（Ⅰコリント15章）。

2　**律法**　コリント人への手紙は、パウロの律法観をめぐる議論に貢献している。パウロは、他の箇所では自分自身を律法から自由であるとみなしているように見えるが（Ⅰコリント9・19〜23）、いくつかの制約を課している。

3　**男女の関係**　コリント人の手紙は、男性と女性としての理解に貢献する（Ⅰコリ11・2〜16、14・34〜35）。

4　**霊的賜物**　コリント人への手紙は、預言の性質、「恵みの賜物」の位置づけ、御霊の神学（Ⅰコリント12〜14章）に貢献している。

5　**復活**　コリント人への手紙には、イエスの復活の証人について書かれた最も古いリストがあるだけでなく、復活の性質について書かれた最も重要な新約聖書も含まれている（Ⅰコリント15章）。

6　**パウロ**　コリント人への手紙は、パウロという人物、キリスト者、牧師、使徒の性格を最も明確に照らし出している。このことは、パウロが自分に倣い、それによってキリストに倣うように勧める（Ⅰコリント11・1）根拠となる。

7　**教会**　コリント人への手紙は教会の本質、一致、多様性、特徴、行動、相互依存、訓練など、教会を理解する上で多大な貢献をしている。

8 **誇り** コリント人への手紙は、傲慢、自己顕示欲、自慢、自信を強く非難する。

9 **十字架中心の生活** コリント人への手紙は、熱心に十字架の神学と十字架中心の生活を結びつけている。パウロは、神の教えと自己顕示欲という異教的価値観との癒着を否定している。十字架は罪人を義とするだけでなく、彼らに生き方と死に方、導き方と従い方、愛し方と仕え方を教える。パウロは、神がご自身の力を示す母体として、奉仕、自己否定、純潔、弱さを強調している。おそらく最も重要な点は、すべてのクリスチャンが追い求めなければならない「はるかにまさる道」（Iコリント12・31～13・13）としての愛を強調していることである。

H 振り返りとディスカッションのための問い

1 パウロはコリント教会に少なくとも何通の手紙を書いたのだろうか。それぞれの手紙の目的を簡単に説明せよ。

2 あなたの世界観に影響を与えている社会的な重荷を、どのようにコリントの信徒たちのそれと比較し、対比するか。

3 パウロが取り上げている問題の中で、特にあなたの現在の教会の状況に関連するものは何か。

Ⅰ　推薦図書

入門

Blomberg, Craig L. *1 Corinthians*. NIVAC. Grand Rapids: Zondervan, 1994.

Carson, D. A. *From Triumphalism to Maturity: An Exposition of 2 Corinthians 10–13*. Grand Rapids: Baker, 1984. Reprinted as *A Model of Christian Maturity*, 2007.

______. *The Cross and Christian Ministry: An Exposition of Passages from 1 Corinthians*. Grand Rapids: Baker, 1993. Reprinted with the subtitle *Leadership Lessons from 1 Corinthians*, 2004.

Hafemann, Scott J. *2 Corinthians*. NIVAC. Grand Rapids: Zondervan, 2000.

Mahaney, C. J. *Living the Cross-Centered Life: Keeping the Gospel the Main Thing*. Sisters, OR: Multnomah, 2006.

中級

Garland, David E. *2 Corinthians*. NAC 29. Nashville: Broadman & Holman, 2000.

上級

Barnett, Paul. *The Second Epistle to the Corinthians*. NICNT. Grand Rapids: Eerdmans, 1997.

Carson, D. A. *Showing the Spirit: A Theological Exposition of 1 Corinthians 12–14*. Grand Rapids: Baker, 1987.

Ciampa, Roy E., and Brian S. Rosner. *1 Corinthians*. PNTC. Grand Rapids: Eerdmans, 2010.

Fee, Gordon D. *The First Epistle to the Corinthians*. NICNT. Grand Rapids: Eerdmans, 1987.

第12章　ガラテヤ人への手紙

A　内容――ガラテヤ人への手紙には何が記されているのか

1　パウロのあいさつの中心は、自分が神から遣わされた使徒であるということにある（1・1～5）。感謝の前置きがないことは特徴的である。むしろパウロが驚きを表しているのは、ガラテヤ人が福音全体のみならず、神ご自身をも見捨てつつあるという点である（1・6～10）。

2　パウロは使徒という自分の立場を弁護して、問題の最重要点を語る（1・11～2・21）。ペテロにユダヤ人への召命が与えられているのと同様に、パウロには異邦人への召命が与えられていることを他の使徒たちは受け入れていた（2・6～10）。パウロは自分がペテロを叱責したと語っているが、それはペテロが異邦人キリスト者との交わりを避けたからであり、その叱責の強調点はユダヤ人であっても、救われるのは律法の行いによるのではなく、キリストへの信仰によるということであった（2・11～16）。事柄の中心は「キリスト」対「律法」であり、キリストによって義とされた罪人は律法に死んで「神の御子に対する信仰によって」生きるのである（2・17〜21）。

3

人が義とされるのは信仰のみによる（3・1〜4・31）。ガラテヤ人は信仰によって聖霊を受けたのであり、律法を守ったことによるのではない（3・1〜5）。アブラハムはその例である（3・6〜29）。彼は信仰によって義とされ（3・6〜9）、地上の子孫はすべて祝福されるという約束を与えられたのである。これと対照的に、モーセ律法は罪人への呪いであって、キリストが彼らの代わりにその呪いを背負ったのである（3・10〜14）。律法は四百三十年前に神がアブラハムに約束した契約に先行するものではなく、またそれに取って代わることもできない。むしろ律法はキリストが来られるまでの一時的なものにすぎない（3・15〜25）。どんな人間でも信仰によって神に近づくことができる（3・26〜29）。つまり、律法の束縛下にある弱き奴隷ではなく、神の子どもとして「おとな」の信仰者となったのである（4・1〜7）。ところが、ガラテヤ人は神が彼らを解放した律法の束縛に逆戻りしつつあるので、パウロはそれを再度やめさせようとしているのである（4・8〜20）。ハガルとサラによるアブラハムの息子たちの生き方は、奴隷状態と自由との違いを表している（4・21〜31）。

4　キリスト者の自由とは、どのように生きるかということを意味している（5・1～6・10）。キリストが彼らのために割礼を廃止し、勝ち取ってくださった自由を彼らは生きるべきなのである（5・1～12）。彼らは肉的にではなく霊的に生きるのであり（5・13～26）、良いことを特に他のキリスト者に対してするのである（6・1～10）。

5　パウロは割礼に関する警告と祝禱をもって手紙を閉じる（6・11～18）。

B　著者――ガラテヤ人への手紙は誰が書いたのか

パウロは自分がこの手紙を書いたと言っており（1・1）、この点には議論の余地がない。

C　読者――ガラテヤ人への手紙は誰に書かれたのか

大勢のガリヤ人が前三世紀に小アジアに移住し、前一世紀までにその王国は現在のトルコ南部にまで拡大していた。ローマがこの地域を前二五年に征服してガラテヤ州としたのである。問題はパウロが宛先とした「ガラテヤ人」が次の誰を指すのかということである。⑴北部のガラテヤ部族、⑵南部のローマ・ガラテヤ州に住む諸民族。北部説、南部説の論議について以下にまとめる。

北ガラテヤ説

1 ガラテヤとは北部に住んだガリヤ人の土地を指す（しかし、ガラテヤという呼称は地域全体に用いられた）。

2 「ガラテヤ」はフリュギア人などの意味に用いられることはない。なぜなら、ガラテヤは彼らにローマへの服従を思い起こさせるからである。（しかし、パウロにはローマ市民権があるので、彼にとってこれらの町々の唯一の総称はガラテヤだった）。

南ガラテヤ説

1 パウロが訪問した南部の地域については知られているが（使徒13〜14章）、北部の地域については何も知らされていない。

2 パウロがリステラを去って（使徒16・2）通ったのは「フリュギア・ガラテヤの地

ローマの州としての「小アジア」

方」であった（使徒16・6）。

3 「ガラテヤ人」が第一次伝道旅行で巡ったアンティオキア、リステラ、イコニオン、デルベ地域の人々の総称であった。

北部か南部かの議論決着への最終的証拠はないが、南部説がかなり有力である。

D　年代――ガラテヤ人への手紙はいつ書かれたのか

南部説によれば、パウロがガラテヤ人への手紙を書いたのは紀元四八年頃であり、北部説に立てばもっと遅く五〇年代後半となる。問題は、パウロの執筆が四八年頃に持たれたエルサレム会議（使徒15章）の前か後かということである。最も妥当な見方は、手紙が会議の決議に触れていないので、エルサレム会議前にパウロが書いたとすることである。このことが意味するのは、ガラテヤ人への手紙でパウロがエルサレムを二回訪問したとの記述（ガラテヤ1・18～24と2・1～10）は、使徒の働きでの二回（使徒9・26～30と11・25～30。使徒15章ではない）に対応するということである。

E　目的――ガラテヤ人への手紙はなぜ書かれたのか

パウロが福音を守ろうとしてこの手紙を書いたのは、ガラテヤ人が福音から離れようとしていたからである。この危機がガラテヤで起きていることを知ったパウロが直ちに熱心に書き送って擁護しようとしたのは、ただキリストへの信仰のみによって義とされるということだった（2・16～17、3・8、11、24）。使徒として、自己の権威擁護（1・1～6・17）と動機（1・10、2・1～5、5・11）に加え、彼は間違った教えの二つの誤りを論駁している。

1　**自由放埒主義**（キリスト者の自由の濫用）　キリスト者は自由だと言って罪を正当化するのは福音の曲解であり、パウロは「その自由を肉の働く機会としないで」（5・13）と命じている。いつの時代にも誘惑的なのは、私たちがどう生きるかよりも恵みによって救われるかどうかが問題だ、とする恵みの矮小化である。

2　**律法主義**（キリスト者の自由の拒否）　律法を守ることによって義と認められるというのも福音を曲げるものである。パウロとバルナバが南ガラテヤを離れた後に（使徒13～14章）、明らかにユダヤ人〝キリスト者〟のある者たちが来て、キリスト者はユダヤ律法、特に割礼を守らなければならないと教えた（5・2～6、6・12。4・9～10、21参照）。しかしモーセ律法に戻ることは、救いの歴史において律法そのものが適切に働かなかったことを理解できなかったと示すものである。パウロの「新しい視点」の擁護者たちが問題としたのは、ガラテヤの偽教師たちが律法をユダヤ人と他の人々を区別するために、割礼や食物規定、安息日によって「線引き」

を強調していることであった。パウロがそのような線引きに反対しているのは、ユダヤ人と異邦人たちが一つとなる教会を建てたいからである。しかし、この推測は狭すぎる――(1)律法の働きは単なる線引き以上のものであり（ガラテヤ3章）、(2)パウロが論じている核心は、人が神の前に「義」と認められるのはキリストの十字架だけで十分だということである。

F　貢献――ガラテヤ人への手紙は私たちの信仰理解にどのような貢献をしているのか

これは小さな書簡ではあるが、その重要性はきわめて大きい。

1　**信仰か行いか**　人が義とされるのはキリストへの信仰のみによる。このことの重要性は以下の理由から、よく明らかにされる。(1)人は救いを自分で得ることができるかのように思いがちである。(2)多くの人がキリスト教を道徳的体系にすぎないと誤解している。儀式を守るにせよ、道徳的に生きるにせよ、罪人は神がキリストにおいてなさった以上のことはできない。

2　**救いの歴史**　パウロがアブラハムに言及していることから（3・6～29）、旧新約聖書が一貫性をもった一冊の本であることが分かる。彼は、贖罪史の展開理解は、聖書を適切な順序で読むことにかかっていると言っている。(1)アブラハムへの約束、

(2)モーセの律法、そして(3)キリストによる成就。アブラハムが律法を守ったというのではなく、神の道はいつも約束と信仰であることをパウロは示しているのである。

3 **贖罪**　キリストは、「私たちのためにのろわれた者となることで」（3・13）奴隷となった罪人を贖うために、定められた時に来た（4・4〜5）。

4 **自由**　「キリストは、自由を得させるために私たちを解放して」くださった（5・1）のであるが、キリストへの信仰によって義とされた者であっても、時々奴隷のくびきを負いがちになることがある。

5 **十字架を中心とした生活**　十字架による救いの意義を実践することの重要性をこれほど明確にした手紙は他にない。

G　振り返りとディスカッションのための問い

1　パウロはなぜガラテヤ人への手紙を書いたのか。パウロが反論している二つの大きな間違いに、あなたはどのように陥りやすいだろうか。

2　ガラテヤ人への手紙のどの部分が、今のあなたの状況に最も当てはまると思われるか説明せよ。

H　推薦図書

入門

Mahaney, C. J. *Living the Cross-Centered Life: Keeping the Gospel the Main Thing.* Sisters, OR: Multnomah, 2006.

中級

Hansen, G. Walter. *Galatians.* IVPNTC. Downers Grove: InterVarsity Press, 1994.

上級

Carson, D. A. *The Letter to the Galatians.* PNTC. Grand Rapids: Eerdmans,（近刊）

第13章　エペソ人への手紙

A　エペソ人への手紙には何が記されているのか

1　冒頭のあいさつ（1・1～2）の後、パウロは神を誉めたたえる。それはキリストにおいて予定された贖罪のみわざをなされたこと、すなわち神のすべての栄光ある恵みへの賛美である（1・3～14）。それから、この手紙の受信者への感謝と祈りへと移っていく（1・15～23）。

2　パウロがエペソの人々に思い起こさせるのは、自分たちの罪深さと、信仰による恵みによって善い行いをさせるために救われたことである（2・1～10）。その結果、キリストはユダヤ人と異邦人の間に平和と一致をもたらした（2・11～22）。それは「キリストの奥義」（3・1～6）とパウロが呼ぶ新たな一体感であり、神の永遠の目的がキリストにおいて実現された方法を含む（3・7～13）。これは手紙の読者への祈り（3・14～21）につながる。

3　キリスト者は「御霊による一致」を保つべきであり（4・1～6）、それが教会に与えられた神の賜物に感謝することによって愛の成長を可能にするのである（4・7～16）。光の子として生きるようにとの励ましは、神学的にもきわめて高い激励である（4・17～5・21）。家庭の規律は、妻と夫、子どもと親、奴隷と主人への指示である（5・22～6・9）。キリスト者は神が与える武具を身につけるべきであり（6・10～18）、パウロ自身のためにも祈りという武器を用いてほしいと求めている（6・19～20）。

4　パウロは最後にあいさつで締めくくる（6・21～24）。

B　著者――エペソ人への手紙は誰が書いたのか

伝統的な見解はエペソ人への手紙をパウロの真正の手紙であるとするが、現代の多くの学者たちは否定している。しかし、以下の論証はパウロが著者であることを示すものである。

1　冒頭（1・1）のみならず手紙の本文（3・1）でも、パウロによって書かれたものだと記している。また、個人的な言葉も多い（1・15～16、3・1、4・1、6・19～21）。

2　早い時期から広く流布し、最近までその信憑性が疑われることはなかったようである。

3　構成、言語、テーマがパウロの他の書簡と類似している。
4　パウロが最初に書いたコロサイ人への手紙を発展させたものである。パウロはある特定の状況を念頭に置いてコロサイ人への手紙を書いたが、さらに広い目的をもってエペソ人への手紙を書いた。

C　執筆場所――エペソ人への手紙はどこで書かれたのか

この手紙は、コロサイ人への手紙と同じ場所で書かれたようである（15章でのさらなる考察を参照）。

D　年代――エペソ人への手紙はいつ書かれたのか

この手紙には、パウロが牢獄にいたことが記されている（3・1、4・1）。これは通常、パウロがローマで最初に投獄された時のことを指していると考えられているので、人生の終盤に差しかかった六〇年代前半ということになる。

E　読者――エペソ人への手紙は誰に書かれたのか

この書はエペソの教会だけに向けて書かれたものだと思われるかもしれないが、次の二つの注意点は考慮しなければならない。

1　「エペソで」（1・1）というフレーズは、いくつかの最良の写本にはない。（一方、このフレーズはほぼすべての写本とすべての古代本に含まれており、このフレーズを欠く写本にも「エペソ人への手紙」というタイトルが付されている。）

2　この手紙の穏やかな非人称の口調は、パウロとエペソの教会との関係にふさわしくないように見える。パウロは長い時間を共に過ごしてエペソの人々に伝道し（使徒19・8、10、20・31）、彼らを自分の親愛なる友人たちと考えていた（使徒20・17～38）。しかし、この手紙の一部が示していることは、書き手と読者が個人的には交流していなかった可能性がうかがわれることである（例　1・15、3・2、4・21）。

これらのことから、エペソ人への手紙にはもう一つの選択肢があることが分かる。つまり、この手紙が一般読者に配布されるように意図したものとすることである。

このように、本来この手紙がエペソの教会だけを対象にしたものであったかどうか、確実には分からない。大多数の写本が示す証拠と、他説の可能性の低さから、私たちはその見解を取らざるをえないのかもしれない。他方でパウロの特徴である温かみがないことや、具体的な状況への言及がないことを重要視するのであれば、エペソ人への手紙はある種の回状であった可能性が高い。

F　目的――エペソ人への手紙はなぜ書かれたのか

パウロの手紙の多くは、特定の機会と目的のために書かれたが、エペソ人への手紙の場合は、その機会が不明である。コロサイ人への手紙とは異なって、エペソ人に向けられた特定の誤った教理はない。明らかに、エペソ人への手紙によって、パウロは読者に一致とキリスト教倫理を追求するように勧める必要があると考えたのである。

G　貢献――エペソ人への手紙は私たちの信仰理解にどのような貢献をしているのか

1　**救いにおける神の主権**　神は世界の創造以前に信仰者を選んだ。彼らは自分たちの力で救いを獲得したのではない。神が自身の喜びと至高の意志によって計画した（1・3～11）。

2　**キリストの救いのみわざ**　キリストにある祝福に含まれることに、子としての地位、罪の贖い、聖霊による封印がある（1・5、7、13）。キリストはこの世を和解させ（1・10）、教会においてユダヤ人と異邦人を和解させる（2・11～22、3・10）。

3　**キリスト者の知的成長**　私たちが自分では決して解明できないことを、今や神は「奥義」（1・9、3・3～11、5・32、6・19）と啓示（1・18、4・18、5・8～10、17）によって知らせてくださった。

4　**愛**　アガペ（「愛」）という言葉は、エペソ人への手紙では、コリント人への手紙第一を除く新約聖書中、他のどの書物よりも頻繁に出てくる。ヨハネの手紙第一（特に3・17〜19）を参照。

5　**教会**　キリストの体であり宮である教会は、神の計画の中で重要な位置を占めており（2・20〜22）、多様性と一致がその特長である（2・11〜3・6、4・3〜6、11〜13）。

6　**新生されたいのち**（4・1〜6・18）キリスト者は「もはや、異邦人がむなしい心で歩んでいるように歩んではなりません」（4・17）。それは闇と光が対照的であるのと同じであり（5・8）、夫と妻、子どもと両親、奴隷と主人の関係も含まれる（5・22〜6・9）。「もろもろの悪霊」（6・10〜18）と闘うキリスト者の希望は、神の武具を身につけて福音中心に生きることにかかっているのである。

H　振り返りとディスカッションのための問い

1　1・3〜11でパウロは何を神に賛美しているのか。

2　「Amazing Grace」を作曲したジョン・ニュートンはかつて奴隷商人だったが、自分の人生を振り返って言った。「私の記憶はどんどん薄れていくが、忘れられない二つのことがある――自分が罪人だったこと。そして、キリストこそ偉大な救い主であること」（Josiah Bull, *The Life of John Newton* [1868; reprint, Edinburgh: Banner of Truth Trust, 2007]）。この「二つのこと」の相互関係は何か（2・1～10参照）。

3　教会の一致についてのパウロの教えは、あなたと教会の状況にどのようなことを示しているか。

4　4～6章にはキリスト者生活への多くの指針が示されているが、文化文脈的にあなたが特に困難を覚えるものがあるか。

❙ 推薦図書

中級

Liefeld, Walter L. *Ephesians*. IVPNTC. Downers Grove: InterVarsity Press, 1997.

上級

Hoehner, Harold W. *Ephesians: An Exegetical Commentary*. Grand Rapids: Baker, 2002.

O'Brien, Peter T. *The Letter to the Ephesians*. PNTC. Grand Rapids: Eerdmans, 1999

第14章　ピリピ人への手紙

A　内容――ピリピ人への手紙には何が記されているのか

1　冒頭のあいさつ（1・1～2）の後、パウロはピリピの人たちのために神に感謝し、祈る（1・3～11）。また、自分の投獄が福音を前進させたこと（1・12～18）、彼らの祈りがかなえられて解放されるのを心待ちにしていること（1・19～26）などを述べる。

2　キリスト者はイエスのために苦しむように召され（1・27～30）、神によって高められたイエスの謙遜に倣うべきであり（2・1～11）、自分たちの救いを「達成」すべきである（2・12～18）。

3　パウロは、近々テモテを彼らのもとに送り、自分も行きたいと願っている（2・19～24）。また、エパフロディトの健康状態について報告している（2・25～30）。彼が警告を発しているのは明らかに、割礼を勧める人々に対してである。パウロ自身、ユダヤ人としての生活にはあらゆる確信があったが、キリストを知ることとこそが、はるかに重要である（3・1〜11）。そして、イエスの再臨を待ち望むピリピの人々に、「キリストの十字架の敵」に従わず、自分と共に歩むよう勧めている（3・12〜4・1）。

4　パウロはけんかしている二人の女性に和解するよう勧め（4・2〜3）、ピリピの人々には、主にあって喜び、思い煩わずに祈り、神が平安をもって守ってくださると確信し、心を込めてキリスト者の美徳を実践することを勧めている（4・4〜9）。そして、困難の中にある自分に贈り物を送ってくれたことに感謝する（4・10〜20）。

5　最後に、あいさつと祝福で締めくくっている（4・21〜23）。

B　著者――ピリピ人への手紙は誰が書いたのか

この手紙にはパウロによって書かれたものであると記されており、このことに対して重大な疑義は提起されていない。しかし、いくつかの関連した議論がある。

1　近年、ピリピ人への手紙は二、三通のパウロの手紙を合成したものであるとする意見がある。しかし、より可能性が高いのは、突然の主題変更（例えば、3・1と4・8〜9）を含んだ一通の手紙ということである。

2　2・6〜11の〝讃美歌〟はパウロの他の書簡とは異なる言葉とリズムを含んでおり、その出典を論争する人々がいる。パウロ自身が書いたのか、それとも初代教会でよく知られていたものから借用したのか、その議論はかなり拮抗している。パウロが書いたのでなければ、誰が書いたのか知るすべはない。また、パウロが引用したと仮定した場合、パウロの言いたいことが書いてあるので引用したと仮定すべきである以上、パウロの枠組みの中で解釈しなければならない。

C　執筆場所――ピリピ人への手紙はどこで書かれたのか

パウロは囚人として（1・7、13〜14、17）、死が迫っている状態でこの手紙を書いたことが分かっている（1・20、2・17）。しかし、パウロは一刻も早い釈放を期待し、ピリピの友人たちと再会することを楽しみにしている（1・25〜26、2・23〜24）。私たちが知らないのは、その牢獄の場所である。パウロは何度も投獄されたので（Ⅱコリント11・23）、ピリピ人への手紙は次の三つの場所のいずれかで書かれたと思われる。

1　**ローマ**　これは伝統的な見解であり、ローマでパウロが番兵付きで軟禁されていたと理解される記述から（1・13〜14、2・19、25、4・22。使徒28・16、30〜31参照）、一部でそう考えられている。一つの問題は、この手紙の文面から、比較的短い期間に、さまざまな人々が少なくとも七回、ピリピを往復していることである。ピリピはローマから約千二百キロ離れているので、そのような旅には何か月もかかる。したがって、パウロはピリピにもっと近い場所に幽閉されていた可能性が高い。

2　**カイサリア**　パウロはヘロデの官邸（使徒23・35）で二年間投獄された（使徒24・27）。しかし、カイサリアはピリピから約千六百キロ離れており、しかも、カイサリアに（ピリピ人への手紙に描かれているような）強い教会が存在したという証拠はない以上、この見解を指示する説得力のある理由はないように思われる。

3　**エペソ**　パウロがエペソで投獄されたという明確な記述はないが、パウロはかつてそこで深刻な問題を起こし（Ⅰコリント15・32、Ⅱコリント1・8〜11参照）、投獄されていたのかもしれない。ピリピはエペソから約百六十キロしか離れておらず、そこには総督府衛兵部隊が駐屯していた。

これらの証拠から、パウロが投獄された場所はローマではなく、エペソであったという結論が導き出されるのである。

D　年代――ピリピ人への手紙はいつ書かれたのか

この手紙の年代を特定するためには、パウロがこの手紙を書いた投獄時期を特定する必要がある。もしローマで投獄されていた時に書いたのであれば六一～六二年頃、カイサリアであれば五九～六〇年頃、エペソであれば五〇年代半ばから六〇年代前半と推定される。

Ｅ　目的――ピリピ人への手紙はなぜ書かれたのか

この手紙の目的を特定できるような動機となるテーマは見当たらない。むしろ、パウロは、個人的、牧会的な多くの関心事に促されていたようであり、個人的な理由としては次のようなものがある。

1　ピリピの人たちに、自分の置かれている状況がどのように福音を前進させているかを報告するため（1・12～18）。
2　テモテを推薦し、彼のピリピ訪問の準備をするため（2・19～24）。
3　命がけでパウロの世話をしたエパフロディトを称賛するため（2・25～30）。
4　ピリピの人々からの贈り物に感謝するため（4・10～18）。

パウロの牧会的関心事は広範にわたるが、次のようなものがある。

1　二種類の敵に立ち向かう――外部の者（1・27～30）、内部の偽教師（3・2～4）。
2　一致の必要性の呼びかけ（2・1～4、4・2）。
3　心を込めた奉仕の必要性を強調すること（2・3、14）。

手紙全体からみると、これらの牧会的関心事こそ本書簡の目的と考えられる。

F　貢献――ピリピ人への手紙は私たちの信仰理解にどのような貢献をしているのか

1　**推奨**　パウロによる他の多くの書簡は教会の問題の矯正（例えば、間違った教えや道徳の乱れの矯正など）に向けられているが、ピリピ人への手紙は穏やかな筆致の矯正であり、その目的は推奨である。パウロは全体として彼らの信仰の成長を喜んでいる。

2　**イエスの謙遜と栄化**　際立つ〝讃美歌〟（2・6～11）の焦点は、イエスが「神の御姿」であるご自分を低くしたのは、十字架の死によって救いを確かなものとするためであったことである。それゆえ父なる神はこの方を高みに挙げ、イエスと同様に彼の民も立証された者として、ますます救いの達成に努めることが奨められている（2・12～13）。それだけではなく、この讃美歌はピリピ人への手紙以前に作られたものだと思われるが、教会生活のきわめて早い時期の優れたキリスト信仰告白を示す力強い証拠となっている。

3　**喜び**　本書簡の基調は喜びであり（名詞「喜び」は五回、動詞「喜ぶ」は九回）、キリスト者とは喜ぶ人々であることが強調されている。

4　**福音説教**　純粋とは言えない動機による福音説教者を見てとがめる人々に、「しかし、それが何だというのでしょう」と言って、あらゆる仕方で福音が宣べ伝えられることを喜んでいるとパウロは励ましている（1・12、18）。

5　**福音の同労者**　パウロとピリピの人々との関係の調和は共に福音のために働く姿を現している（1・5）。パウロは羊飼いのように彼らを愛して養い、彼らはそれに対して成長と愛をもって応えているのである。

6　**福音のための患難**　パウロが強調するのはキリストによる救いにおける十字架と復活の位置であり、キリスト者の患難は福音前進のための神からの賜物と見られている（1・14〜18、29〜30、2・17）。大切なのはキリストに仕えることである。

G　振り返りとディスカッションのための問い

1　パウロはなぜピリピ人への手紙を書いたのか。

2　パウロがピリピの人々に特に勧めているのはどんな行動と特質か。それはピリピの人々にどんな影響を与えたか。

3　ピリピ人への手紙は福音との関係でどのような貢献をしているか。

H　推薦図書

入門

Carson, D. A. *Basics for Believers: An Exposition of Philippians*. Grand Rapids: Baker, 1996.

Thielman, Frank. *Philippians*. NIVAC. Grand Rapids: Zondervan, 1995.

上級

Fee, Gordon D. *Paul's Letter to the Philippians*. NICNT. Grand Rapids: Eerdmans, 1995.

Hansen, G. Walter. *The Letter to the Philippians*. PNTC. Grand Rapids: Eerdmans, 2009

第15章　コロサイ人への手紙

A　内容——コロサイ人への手紙には何が記されているのか

1　冒頭のあいさつ（1・1～2）に、コロサイの人々への感謝と祈り（1・3～14）が続く。

2　キリストはこの上なく偉大である（1・13～20）。パウロはキリストの和解のみわざ（1・21～23）とキリストに仕える自分の苦しみ（1・24～2・5）を関連づける。手紙の読者に勧めるのは、キリストにあって生きることであり、「あの空しいだましごとの哲学」（2・6～8）にとらわれないことである。また、偉大なキリストの光の中で（2・9～15）、食物規定や宗教的な祭りに関する人間的な考えに服従してはならない（2・16～23）ということである。

3　キリスト者の生き方は、彼らが「キリストとともによみがえらされた」ことを証明するものでなければならない（3・1～17）。これは家庭の定めにも及び、妻と夫、子どもと両親、奴隷と主人の関係を含む（3・18～4・1）。キリスト者は祈り、外部の人々に対する振る舞いに知恵を持つべきである（4・2～6）。

4　ティキコとオネシモがコロサイの人々に伝えるのは、パウロからの知らせと一緒にいる人々からのあいさつである（4・7～15）。アルキポはこの手紙をラオディキア人への手紙と交換し、それぞれの教会が両方の手紙を読むことができるようにしなければならない（4・16～17）。この手紙の末尾はパウロのいつもの終わり方を短くしたもので結ばれている（4・18）。

B　著者――コロサイ人への手紙は誰が書いたのか

この手紙にはパウロによって書かれたと記されている（1・1、23、4・18）。しかし、最近、多くの学者たちがこの手紙の著者はパウロの弟子であると主張し、以下の三つの理由でこの手紙に異議を唱えている。

1　その言語と文体がパウロと異なるとされる。しかし、語彙の違いは新しい異端に対抗するために必要な言葉の使用によるものであり、文体の違いは詩的な形式の使用によるものであると考えられる。

2　その神学にパウロのものとは異なる趣があるとされる。しかし、これはパウロの他の書簡にも言えることである。ある概念はなく新しい概念があるのは（例　1・16

〜20、2・9〜10、12〜13、19、3・1)、読者や状況の違いに起因するものであり、重要な反論根拠にはなりえない。

3　エペソ人への手紙と似ていることから、一人の人間がこれほど類似する二通の手紙を作成することはありえず、むしろ一人の著者が他の著者を模倣したに違いない、という反論が導き出されるとする。しかし、パウロが両方の手紙を書いたのであり、異なる読者に向けた二通の手紙に同じ考えの一部を繰り返したと考えるのは、きわめて合理的である。

パウロがコロサイ人への手紙の著者であることに対する諸異論には説得力がなく、コロサイ人への手紙がピレモンへの手紙と関連していることからも、パウロこそ作者であることがさらに裏付けられるのである。

C　執筆場所――コロサイ人への手紙はどこで書かれたのか

パウロがこの手紙を獄中から書いたとあるので(4・3、10、18)、可能性があるのはエペソかカイサリア、またはローマであるが、ローマで書かれた可能性が高い。エペソ人への手紙、コロサイ人への手紙、ピレモンへの手紙は、おそらく同じ時期と場所で書かれたと思われる。しかしピリピ人への手紙(これも獄中書簡である)は、別の機会に書かれたようなので、時期と場所を異にするのかも知れない。

D　年代――コロサイ人への手紙はいつ書かれたのか

パウロがローマからこの手紙を書いたとすれば、紀元六〇年代前半が考えられ、六一年が最も可能性が高い。パウロがローマ以外の都市から書いたとすれば、五〇年代後半の可能性がある。

E　目的――コロサイ人への手紙はなぜ書かれたのか

パウロがコロサイ人への手紙を書いたのは、特にコロサイに来た偽教師たちの誤りに反論するためである。その誤った教えの正確な本質は明らかではない（教えそのものがなく、反論のために書かれたものだけが残っている場合によくあることである）。キリストを最小化し（1・15〜20、2・9〜10）、禁欲主義（2・16〜23）、割礼（2・11、3・11）、安息日の遵守（2・16）を奨励するギリシアとユダヤの教えの混合であるようだ。このような異なる宗教の混在は古代世界の特徴であり、なりたてで指導が未だ不十分なキリスト者を惹きつけた。パウロはコロサイの若い教会がこれらの教えによって害されることを望まなかった。

F　貢献――コロサイ人への手紙は私たちの信仰理解にどのような貢献をしているのか

1　**キリストの優位性と贖罪**　偽教師たちによれば、自然界の霊が神とその民との間の障壁となり、禁欲主義だけが神に近づくことを可能にしたという。しかし、キリストはすべてにおいて抜きん出ていて、十字架上のみわざによって平和を実現したのである（1・15～20）。キリストはその救いのみわざなる十字架のゆえに、比類なく優れた方である（1・22、27、2・3、9～10、13～14、3・1、11）。

2　**超自然的力への勝利**　至高のキリストは、神の目的に敵対する超自然的な力のすべてを武装解除する（2・8、20）。これは、西洋でオカルト主義が台頭している現代にも関係あることである。

3　**教会の一致**　すべての信者は一つの教会を形成する（3・11）。パウロはコロサイの信徒に会ったことはなかったが（2・1）、たとえ地理的に離れていても、キリストの体としてメンバーが相互に持つべき愛と優しい配慮の模範を示している。

4　**教会の多様性**　信者には互いに異なる多様性があるが、パウロは、妻と夫、子どもと親、奴隷と主人に具体的な指示を与えている（3・18～4・1）。全員がキリストに仕える者であるが、それによって一般社会における人間関係がどうでもよくなるというわけではない。

5 **頭《かしら》なるキリスト**　どの時代においても、キリスト者は時代の「空しいだましごとの哲学」（2・8）の誘惑にさらされる。それは信仰の実践から引き離し、根本的なものを損なおうとする偽りの謙遜と霊性に誘う（2・16〜23）。しかし何ものも、頭であるキリストとの結びつきの喪失を埋め合わせることはできない（1・18、2・19）。

G　振り返りとディスカッションのための問い

1 コロサイの偽りの教えはどのようなもので、パウロはどのように論駁したか。
2 キリストの至上性と贖罪の関係は何か。
3 キリスト者とキリストとのつながりは、今の生き方にどのような影響を与えるか（特に3・1〜4・1を参照）。

H　推薦図書

入門

Garland, David E. *Colossians/Philemon*. NIVAC. Grand Rapids: Zondervan, 1998.
Storms, Sam. *The Hope of Glory: 100 Daily Meditations on Colossians*. Wheaton:

Crossway, 2008.

中級

Wright, N. T. *Colossians and Philemon*. TNTC. Grand Rapids: Eerdmans, 1986.

上級

Moo, Douglas J. *The Letters to the Colossians and to Philemon*. PNTC. Grand Rapids: Eerdmans, 2008.

Thompson, Marrianne Meye. *Colossians and Philemon*. THNTC. Grand Rapids: Eerdmans, 2005.

第16章　テサロニケ人への手紙第一、第二

A　内容――テサロニケ人への手紙には何が記されているのか

テサロニケ人への手紙第一

1　この手紙は、パウロ、シラス、テモテが差出人であることを述べた典型的なあいさつで始まる（1・1）。パウロが神に感謝するのは、テサロニケの人々と福音への彼らの忠実さである（1・2〜10）。

2　パウロはテサロニケの人々との交流に焦点を当てる（2・1〜3・13）。彼はテサロニケでの福音宣教の状況を再確認し（2・1〜12）、この教会が苦しみに遭いながらも神のことばを受け入れたことを神に感謝する（2・13〜16）。なぜなら、まさにこの迫害によってパウロは訪問を中断せざるをえなくなったのであり、この逆境に彼らの勇気が耐えられないのではないかという恐れがパウロに生じたが（2・17〜3・5）、テモテが到着して、すべてが順調であることを報告してくれたからである（3・6〜13）。

3 テサロニケ人へのパウロの激励（4・1～5・11）。パウロは「神を喜ばせるために生きる」べき三つの方法を思い出させる。すなわち、性的不品行を避けること、互いに愛し合うこと、自分の手で一生懸命働くこと（4・1～12）。彼らの中ですでに死んだ人々については、主が再臨されるとき、キリストにあって死んだ者が持つ優先さを挙げて励ます（4・13～18）。そして、やがて来る主の日を前にして、模範的な生活を送るようにと勧めている（5・1～11）。

4 手紙の終わりは、短い激励、祈りと願い、祈援要請、あいさつ、そして祝福で締めくくられている（5・12～28）。

テサロニケ人への手紙第二

1 パウロは再びシラスとテモテをあいさつに加え（1・1～2）、迫害されているテサロニケの人々を励ますための感謝と祈りが続く（1・3～12）。

2 迫害によって、テサロニケの人々は主が来臨する日について誤った考えを持つようになったと思われるので、パウロはそれを正す（2・1～12）。パウロは信仰に堅く立つように勧め、神が彼らを励ましてくださるようにと祈る（2・13～17）。パウロが祈りの要請をしているのは、主のことばが自分とシラス、テモテを通して急速に広まるように、また神が自分たちを守ってくださるようにということである（3・1〜5）。テサロニケの人々が、主の到来する日を誤って信じていたことが、怠惰の問題を悪化させたと思われるが、パウロはそれに対して再び警告している（3・6〜15。Iテサロニケ4・11〜12参照）。

3　手紙は、短い祈りとパウロ自身の手による認証と祝福で終わる（3・16〜18）。

B　著者――テサロニケ人への手紙は誰が書いたのか

この疑問は三つの別々の、しかし関連した事柄に関係している。

1　**共著者**　両書簡はパウロ、シラス、テモテを共著者としているが、伝統的にはパウロ一人の作とされている。どちらの手紙にも一人称複数形（私たちは、私たちを）が出てくるが、一人称単数形（私は、私を）も使われている。おそらく、折衷的解釈が最善であろう。つまり、シラスとテモテはこの手紙と密接な関係にあったが、パウロが主要な著者であり、私たちが聞いているのはパウロの声なのである。

2　**テサロニケ人への手紙第一における思考の中断**　パウロ以外の誰かが2・13〜16をこの手紙に挿入したと主張する人もいるが、これらの節は現存するすべての写本に存在し、文脈上も筋が通っている。

3 テサロニケ人への手紙第二の作者問題

パウロは、この手紙の最後のほう（3・17）で、自分の個人的な関与を証言している。初期教会の権威者でパウロが著者であることを疑問視する人はいない。しかし、現代の学者の多くがパウロの著者性を否定し、おもに次の二つの主張を展開している。

a テサロニケ人への手紙第一とあまりに似ている。どの作者も、ある手紙の内容を、その直後に同じ読者に向けて書かれた別の手紙に重複させるようなことはしない。しかし、この類似性は著しい。

b 用語の選択、改まった口調、終末教理などにおいて差異が大きすぎる。第一書簡はキリストの再臨が間近に迫っていることを強調し、第二書簡はキリストの再臨の前にある「しるし」が起こることを警告しているとする。しかし、牧会的状況の違いによって、この強調点の違いは説明できる。確かに、パウロは両方の見解を同時に持っていたかもしれないのである。

パウロが作者であることを否定する理由には説得力がなく、偽名書簡の証拠も脆弱（Ⅱテサロニケ3・17と本書8章参照）なので、テサロニケ人への手紙第二はパウロによる真正な書簡として受け入れられるべきである。

C　執筆場所、年代――テサロニケ人への手紙はいつ、どこで書かれたのか

パウロが訪れたテサロニケは、人口十万人ほどのマケドニア地方の賑やかな商業都市で、いわゆる第二次伝道旅行の途上、おそらく紀元四八年か四九年のことであった（使徒17・1〜9）。パウロの短い訪問（ルカはその長さについて曖昧にしている）は、町に騒乱を引き起こしたので、彼とシラスは追い払われなければならなかった。パウロがテサロニケ人への手紙第一を書いたのは、その四〜六か月後の紀元五〇年、コリントで奉仕していた時であったと思われる。テモテがテサロニケ教会の良い知らせを持って戻って来た時のことである（3・6、使徒18・5）。パウロがテサロニケ人への手紙第二を書いたのは、そのすぐ後、五〇年の終わりか五一年の初めであろう。

パウロがテサロニケ人への手紙第二を書いたのは、テサロニケ人への手紙第一より前だとする説もあるが、その論議は決定的ではない。Ⅱテサロニケ2・15から、パウロはすでにテサロニケ人に手紙を書いていたと推測できるし、テサロニケ人への手紙第一の家族的な口調は、ごく最近の改宗者グループへの最初の手紙であることを示唆している。

D　目的――なぜテサロニケ人への手紙が書かれたのか

テサロニケ人への手紙第一

テサロニケ人への手紙第一は、新しい改宗者の信仰を強める。

1　パウロはテサロニケの信徒たちに、彼らが神の力強く信頼できることばによって変えられたことを思い出させる（1・3〜10）。

2　パウロは自分がテサロニケを急いで去った動機をめぐる、どんな誤解をも解こうとしている（2〜3章）。彼が距離を置いているのは、不道徳な、特に金銭を巻き上げる動機の放浪教師たちとである。

3　パウロは新しい信仰が持つ倫理的な意義を堅く守るように勧める（4・1〜12）。

4　パウロは彼らの仲間だった何人かのキリスト者の死を慰める（4・13〜5・11）。彼らはおそらく、死んだキリスト者の復活と生きているキリスト者の携挙の両方について知っていたが、それらが互いにどのように関連しているのかを知らなかった。彼らが落胆していたのは、死んだキリスト者がやがてよみがえるとしても、再臨の時に主との喜びの再会を逃すかもしれないと思っていたからであった。

テサロニケ人への手紙第二

テサロニケ人への手紙第二において、パウロは基本的に同じ目的を追求しているが、特に焦点を当てているのは、新たな迫害の発生によって引き起こされた諸問題である。この迫害を終末の時代と重ね合わせ（1・3～12）、その苦しみのために生じたと思われる二つの問題を扱っている。一つは主の日が既に到来したという誤った考え（2・1～12）、もう一つは彼らの怠惰の傾向（3・6～15）である。

E　貢献――テサロニケ人への手紙は私たちの信仰理解にどのような貢献をしているのか

1　**終わりの時**　テサロニケ人への手紙の特徴的な貢献を考えるとき、すぐに思い浮かぶのは、「終わりのこと」や「終わりの時」を扱う神学の一分野（「終末論」）である。この教理はⅠテサロニケ4・13～5・11とⅡテサロニケ2・1～12に集約されている。

a　救出――イエスは「やがて来る御怒りから私たちを救い出してくださる」（Ⅰテサロニケ1・10）。

b　慰め――キリストが再臨するとき、死んだ信者と生きている信者の関係について誤解しているテサロニケの信者を慰めるために、パウロは出来事の正確な順序について、どこよりも詳しく述べている（4・13〜18）。イエスが再臨するとき、神はすべての聖徒を特定の順序でイエスとともに再結集する——「まず、キリストにある死者がよみがえり」、その後に、まだ生きている信徒たちが「彼らと一緒に雲に包まれて引き上げられ、空中で主と会う」のである（4・16〜17）。

c　復活のタイミング——死んだキリスト者の復活は、イエスが来る時に起きる（4・13〜16）。

d　携挙——生きているキリスト者は、キリストが再臨する時に、キリストに会うために引き上げられる（4・17）。

e　切迫性——パウロは、キリストの再臨はきわめて短期間のうちに起こりうるという強い期待を抱いている。次の段落（5・1〜11）では、キリストの到来を夜中の盗人侵入にたとえている（5・2）。未信者は不意打ちを食らうので、信者はキリストの再臨の日が来ることを知りながら、すでに到来した日にふさわしい生活をして、その準備をするのである（5・7〜8）。

f　既に／未だ——「その日」の存在とその将来的到来という組み合わせが示していることは、神の国は既に始まっているが、未だ完成していないという新約聖書の特徴的な教えを反映していることである。(これは「既に／未だ」あるいは「開始された終末論」として知られている。)

g　裁き――神は今テサロニケの人々を苦しめている人々を裁く(Ⅱテサロニケ1・4〜10)。

h　キリストの再臨に先立つ出来事――主の日、すなわち、神がイエスを通してご自分の民を救い、敵を裁くために介入する日というのは、「背教」と「不法の者」の出現という前段階的出来事の後にのみ起きる(2・3)。

2　**神のことば**　パウロは、Ⅰテサロニケ1〜2章で、福音の言葉やメッセージについてさまざまな形で九回言及している。みことばがその中心であり(1・5〜6、8、2・2、4、8〜9、13。Ⅱテサロニケ3・1参照)、信仰はそれに対する自然で適切な応答である。パウロがこれらの章において強調していることは、彼が最善を尽くし、活動的で力強い神のことばを妨げることなく解き放って、その影響を十分に発揮できるようにしたということである。

3　**神の家族**　テサロニケ人への手紙第一の全体的な目的は、新しい改宗者の信仰を強めることである。パウロは敵対的で多元的な環境の中にある若きキリスト者共同体を養育する。家族や友人からの疎外感や、最初の霊的熱情の冷却など、新しい改宗者が直面する多くの問題を彼は扱っている。すぐに起きた迫害は、彼らが経験していた疎外感の直接的な痛みのしるしだった。パウロはキリストへの信仰が彼らを新しい霊的な永遠の家族へと導いたことを思い出させるために、多くの家族的なイメージを用いている。パウロ自身が彼らにとって父母のように行動していること（2・7、11）、キリスト者は「兄弟姉妹」であること（2・1、9、14、17、3・7、4・1、6、9〜10、13、5・1、4、12、14、25〜27）、そして彼らは互いに家族の典型である「兄弟愛」を示すべき必要があること（4・9〜10）、などである。

F　振り返りとディスカッションのための問い

1　パウロはなぜテサロニケ人への手紙第一と第二を書いたのか。
2　終末論がどのように慰めになるのか。
3　終末論は現代のキリスト者をどのように生きる思いにさせるのか。

G　推薦図書

入門

Holmes, Michael W. *1 and 2 Thessalonians*. NIVAC. Grand Rapids: Zondervan,

1998.

中級

Beale, G. K. *1-2 Thessalonians*. IVPNTC. Downers Grove: InterVarsity Press, 2003.

上級

Green, Gene L. *The Letters to the Thessalonians*. PNTC. Grand Rapids: Eerdmans, 2002.

Morris, Leon. *The First and Second Epistles to the Thessalonians*. Rev. ed. NICNT. Grand Rapids: Eerdmans, 1991.

第17章　テモテへの手紙第一、第二とテトスへの手紙

テモテへの手紙とテトスへの手紙は、通常「牧会書簡」と呼ばれている。この呼び名は明らかに十七世紀初期に付けられたものであるが、新約聖書の書簡中、牧会者やその任命責任者だけに宛てた手紙であるため、適切なものである。

A　内容――牧会書簡には何が記されているのか

テモテへの手紙第一

1　短いあいさつの中で、「救い主なる神」について触れている（1・1〜2）。

2　パウロは、神のみわざを前進させるのではなく、論争を助長する偽りの律法の教師たちについて警告する（1・3〜11）。パウロは、キリストの恵みとあわれみが自分の内に働いていることを感謝し（1・12〜17）、テモテが戦いをよく戦えるように助けることを目的としている（1・18〜20）。

3　パウロは、すべての人のために、特に権威ある人々がキリスト者の成長と伝道に

役立つ状況を促進できるように、祈りを勧める（2・1～7）。正しい精神に基づく祈り（2・8）から、女性の服装と生活（2・9～15）、監督（3・1～7）、執事（3・8～10、12～13）、執事の妻または女性執事（3・11）の資格へと進む。彼は神の家に対する配慮を説明している（3・14～16）。

4　パウロはさらに偽教師に警告し（4・1～5）、テモテにキリストの良き僕として忍耐するように勧めている（4・6～16）。パウロは、年上と年下の男女（5・1～2）、やもめ（5・3～16）、長老（5・17～20）に対する接し方を説明し、テモテに偏見を避けるように勧める（5・21）。さらに牧会的な助言（5・22～25）と、奴隷は主人を敬うべきだという戒め（6・1～2）を付け加えている。

5　パウロは偽教師と金銭愛に対して再び警告する（6・3～10）。テモテはそのような行いから逃れ、非難されないように生きるべきであること（6・11～16）、また金持ちは、善を行うことによって、大切な宝を天に蓄えるべきことを告げる（6・17～19）。

6　パウロは最後に、信仰を堅く保つよう勧め、恵みを願っている（6・20～21）。

テモテへの手紙第二

パウロは、自分の死（4・6～8）を思いながらこの手紙を書いたので、格別な厳粛さがある。

1　典型的なあいさつ（1・1～2）の後、パウロはテモテのことを神に感謝する（1・3～5）。

2　パウロはテモテを励まし（1・6～7）、パウロを恥じないように勧めて（1・8～14）、忠誠の悪い例と良い例をいくつか挙げる（1・15～18）。

3　パウロはテモテにキリストの恵みによって強くなるように促し（2・1～7）、福音の要点を思い起こさせる（2・8～13）。テモテは、偽りの教えに反対し、まっすぐに生き、忠実で、恥じることのない働き人であるべきである（2・14～26）。

4　パウロは、あらゆる悪が栄える「終わりの日」に問題が起こることを預言する（3・1～9）。主はパウロをその悩みの中で守った（3・10～13）。パウロはテモテに、幼い頃から受けてきた教え、特に神の息吹を受けた価値ある聖書からの教えに留まり続けるように勧める（3・14～17）。テモテはみことばを堅く宣べ伝えなければならない（4・1～5）。

5　パウロは間近に迫った死を覚悟している（4・6～8）。パウロはいくつかの個人的な発言の後に（4・9〜18）、あいさつと祝福で締めくくる（4・19〜22）。

テトスへの手紙

1　冒頭の長いあいさつは、神が永遠のいのちを約束し、やがてそれを実現したことをテトスに思い出させる（1・1〜4）。

2　パウロはテトスをクレタ島に残し、教会の秩序を整えさせ、今度はすべての町に適格な長老を任命するよう促している（1・5〜9）。パウロはクレタ島の「多くの反抗的な人々」に対してテトスに警告する（1・10〜16）。

3　テトスは教会の人々に生き方を教えなければならない（2・1）。パウロは、年上の男性（2・2）、年上の女性（2・3〜5）、若い男性（2・6〜8）、奴隷（2・9〜10）に対する具体的な指示を詳述している。すべての信者は、「大いなる神であり私たちの救い主であるイエス・キリスト」の栄光ある現れを待ち望みながら、まっすぐに生きなければならない（2・11〜15）。

4　キリスト者は権力者に従うべきである（3・1〜2）。パウロは、救われる前の信者の生き方と、キリスト者としてあるべき生き方を対比している（3・3〜8）。パウロは、愚かな分裂を避けるように勧めている（3・9〜11）。

5　パウロは、さまざまな個人についての指示に続いて、あいさつで締めくくる（3・12〜15）。

B　著者――テモテへの手紙第一と第二、テトスへの手紙は誰が書いたのか

牧会書簡には共通点があるが、同時期に、あるいは同じ場所で書かれたという決定的な証拠はない。著者はパウロではなく、パウロならこう言っただろうと思われることを、当時の人々に向けて書いた人物であると言って（偽名の手紙については8章を参照）パウロ著者説を否定する主張には次のようなものがある。

1　**語彙と構文**　牧会書簡の言葉やその配列（「構文」）は、パウロの他の書簡とはあまりにも異なっていると主張できるとする。しかし、それ自体がパウロの著作を疑う理由にはならない。それがパウロの著者性を疑う理由にはならない。これらの言葉のほとんどは、パウロの時代に流行していたものとして知られているのだから、パウロが使ったと考えるのが妥当である。これら三つの書物の異なる語彙と構文は、異なる筆記者、異なるテーマ、特定の課題を持つ異なる聴衆（教会ではなく牧師）など、さまざまな要因によって説明できるだろう。

2　**修辞スタイル**　牧会書簡の論述スタイルや構成が、パウロの他の書簡とは違いすぎ

ると主張する人もいる。しかし、パウロの手紙に代表されるような多様な個人と集団に宛てて書いたと予想するのは妥当であろう。

3 **歴史的問題**　使徒の働きやパウロの他の手紙に記されているパウロの生涯と牧会書簡の歴史的状況を調和させることは難しい。その一方、これらの手紙に記されている歴史的記述はすべて正確であり、パウロの生涯と一致している。

a　これらの出来事は、パウロがローマで最初に投獄された後（使徒28章）、ローマで殉教する前に起こったと思われる。

b　牧会書簡の歴史的データは、パウロの最初のローマ幽閉までの伝道の範囲内に収まる。

c　パウロの著述を否定することは、実際の歴史を反映した個人的な回想（例えば、Ⅰテモテ1・3、3・14～15、Ⅱテモテ1・16～18、4・13、テトス3・13）を十分に説明できない。

4 **その他の歴史的矛盾**　牧会書簡は、パウロが死んだ後に初めて問題となった誤った教え（グノーシス主義）を反駁しているように見える。さらに、パウロが宣教していた時代には存在しなかった強力に組織化された教会機構（例えば、聖職者の職務）を前提としていると見る人もいる。しかし、これらの点はいずれも、パウロが作者であることを否定する有力な根拠にはならない。これらの手紙に書かれている偽りの教えはすべて、パウロの宣教時代に知られていたことに合致する（コロサイ人への手紙参照）。教会組織については、これらの手紙はピリピ1・1の「監督と執事」以上の組織を要求していないと主張することができる。

5　**神学**　牧会書簡には、パウロが使ったとは思えないギリシア語の救いの用語が使われている。しかし、よく見てみると、これらの表現にはパウロが他の箇所で使っている言葉や言い回しがしばしば取り入れられていることが分かる。さらに、これらの書簡にある他の多くの用語は、パウロの他の著作と一致している。

C　執筆年代、場所――牧会書簡はいつ、どこで書かれたのか

テモテへの手紙第一とテトスへの手紙

パウロは、ローマでの最初の投獄から解放された後、同じ時期にこれらの手紙を書いたと思われる。そうすると、これらの手紙は紀元六〇年代初期から中期に書かれたことになる。この時期、パウロは宣教活動に従事していたため、発信地を確実に特定できるほど十分なことは分かっていない。最も有力なのは、テモテへの手紙第一がマケドニアで書かれたことである（1・3）。テトスへの手紙はおそらく、冬を過ごす予定だったニコポリスに滞在中

か、そこに行く途中で書かれたのであろう（3・12）。

テモテへの手紙第二

パウロがこの手紙を書いたのは、おそらくローマでの二度目の投獄中で、処刑が間近に迫っていた時であろう（1・16～17、4・6）。このことから、執筆時期は紀元六〇年代で、おそらく六四年か六五年頃と考えられる。

D　読者、目的――牧会書簡は誰に、なぜ書かれたのか

パウロはテモテの指導者であった。彼の第一の手紙は、テモテが教会の監督として働くために必要な指導を与えている。第二の手紙は、非常に個人的な内容であるため、三つの牧会書簡の中で最も偽名と主張しにくいものであろう（1・4～6、15～18、2・1～2、22～26、3・14～15、4・2、5、9～21参照）。テトスへの手紙は、パウロが責任ある行動を期待し、信頼できる助け手に宛てて書かれた（1・4、3・12～15）。

E　貢献――これらの書簡は私たちの信仰理解にどのような貢献をしているのか

テモテへの手紙第一

1　**指導**　パウロはテモテを導き、とても可愛がった（Ｉコリント4・17、ピリピ2・20、Ｉテサロニケ3・2参照）。パウロはテモテを息子のように慕い（ピリピ2・22、Ｉテモテ1・2）、六通の手紙の冒頭のあいさつで、テモテを自分の働きと結びつけている（Ⅱコリント、ピリピ、コロサイ、Ｉ、Ⅱテサロニケ、ピレモン）。キリスト者は主の奉仕のために結ばれており、互いに助け合うことができ、また助け合うべきである。

2　**教会のリーダーシップ**　聖職にある者は、非難されることのない者でなければならない（3・2〜13）。彼らは、人格よりも教会の活動に焦点を当てるという罠を注意深く避けなければならない。「監督」（3・1〜7）は、「長老」（5・17〜19。テトス1・5〜9参照）または「牧師」の代わりの称号のようである。女性には別の役割があり、男性に対して教えたり権威を行使してはならないとパウロは言っている（2・11〜13）。執事に要求されない資格の一つは（3・8〜12）、教える能力である（3・2参照）。

3　**キリスト者としての生き方**　すべてのキリスト者は誠実に生きなければならないが

（3・14〜15）、女性（2・9〜15）、年長者と年少者（5・1〜2）、やもめ（5・3〜16）、奴隷（6・1〜2）、裕福な人（6・17〜19）など、役割の異なる人には異なる義務がある。

4　**不必要な論争**　キリスト者は不必要な論争を避けなければならない（1・4、4・3、7、6・4〜5）。

5　**金銭**　パウロは、「敬虔を利得の手段と考える」（6・5）人々に対して警告しているが、これは金銭に支配された現代の文化に特に関連している。現代の教会は、「金銭を愛することが、あらゆる悪の根」（6・10）というパウロの戒めに注意深く耳を傾けなければならない。

6　**福音中心主義**　健全な教理は福音の本質に根ざしており（1・10〜11、2・5〜7）、テモテがどのような状況に置かれようとも、キリスト教会全体の生活の中心である福音を宣べ伝えなければならない。

テモテへの手紙第二

1　**殉教**　パウロは、キリスト教信仰を持っていたために処刑されようとしていた（4・6〜8）。彼は苦難の中で手紙を書き、信頼できる兄弟に宛てた最後の手紙は、自分が何を重要視しているかを示している。パウロは、キリストの殉教者がどのように死と向き合うべきかを示している。（この百五十年の間に、それまでの十八世紀を合わせたよりも多くのキリストの殉教者が出ているのだから。）パウロは前途を冷静に考え、静かな信仰がすべての行動を支えている。彼は狂信的な態度も見せず、大見得を切ることもない。

2 **譲ることのできない福音**　すべてのキリスト者生活の基礎は、神がすでに為してくださったことにあり、キリスト者は神の救いの行為の結果を生き抜かなければならない。キリスト者は、神に仕える道を構成するものについて、単に指示のリストを与えられ、それをすべて自分で解決しようと任されるのではない。パウロの教えは、この世が続くかぎり伝えられなければならない（2・2）。キリスト教信仰の本質には妥協の余地がない。神が語られたことを、私たちは危険を顧みず宣べ伝えるのである（4・1〜5）。

3 **犠牲的奉仕**　弟子であることの代価は大きく、しばしば苦しみを伴う（1・8、12、2・9、12、3・11〜12）。キリスト者の奉仕は、兵士、運動選手、勤勉な農夫のそれに匹敵する（2・3〜6）。救いは神からの無償の賜物であるが、同時に厳しいものでもある。その意味を実践する上で、信仰者は必然的に困難を経験し、御子を十字架上で死なせるために遣わした神は、常に犠牲を払って奉仕していることを知るだろう。

4　**反対**　パウロは、真理から迷い出る人々について警告している（2・14～18、3・1～9、4・3～4）。健全で確かな教えは不可欠である（1・13、2・19）。

テトスへの手紙

1　**福音の変容**　この手紙は、キリスト教の文明化機能と呼ぶべきものを浮き彫りにしている。テトスは、非常に困難な文化的環境（1・5、12参照）の中にある、きわめて若い教会のために長老を任命する責任者であった。このことは、教会が居心地の良い、立派な、中流階級の環境でのみ機能することを意図しているのではなく、むしろ、福音は最も見込みのないように見える人々のためにもあることを示している。このことは、改宗者への指示（2・3、9～10、3・1～2）にも現れており、パウロは、クレタ人が疑わしい背景を持ちながらもキリスト者としての資質を身につけることを期待しているのである。

2　**反対にもかかわらず伝道する**　キリスト者の教師は、敵対する教師からの反対の強さや性質にかかわらず、福音を伝え続けなければならない（1・10～2・1、3・

8〜11)。

3　**神の恵み**　パウロは優越的な立場をとらず、「救い主である神のいつくしみと人に対する愛」、特に神がキリストにおいてなさったことにすべてを負っている(3・3〜7)。「すべての人に救いをもたらす神の恵みが現れた」(2・11)からである。キリスト教的なアプローチは、人々が自分自身に頼るのではなく、むしろ神の恵みに頼るように促し、神の恵みは彼らにどのように生きるべきかを「教える」のである(2・12)。

4　**キリストの到来**　パウロは、神がキリストにおいて成し遂げてくださったことの集大成を待ち望んでいる――「祝福に満ちた望み、すなわち、大いなる神であり私たちの救い主であるイエス・キリストの、栄光ある現れ」である(2・13)。

F　振り返りとディスカッションのための問い

1　三つの手紙に共通するテーマは何か。
2　テモテへの手紙第二におけるパウロの状況は、他の二つの手紙とどう違うか。
3　なぜ、これらの手紙が教会指導者にとって特に役立つか。

G　推薦図書

中級篇

Köstenberger, Andreas J. "The Pastoral Epistles." Pages 487-625 in *Ephesians-Philemon*. Rev. ed. EBC 12. Grand Rapids: Zondervan, 2006.

Towner, Philip H. *1-2 Timothy and Titus*. IVPNTC. Downers Grove: InterVarsity Press, 1994.

上級篇

Towner, Philip H. *The Letters to Timothy and Titus*. NICNT. Grand Rapids: Eerdmans, 2006.

第18章　ピレモンへの手紙

A　内容――ピレモンへの手紙には何が記されているのか

1　パウロは、典型的なあいさつと感謝で手紙を書き始める（1～7節）。

2　パウロがピレモンに深い配慮をもってとりなしているのは、パウロが「わが子オネシモ」と呼ぶ、ピレモンのかつての奴隷のことである。オネシモはパウロの伝道によって今はその名前の意味どおり「役に立つ」者となっている（8～11節）。

3　パウロが望んでいるのは、主人であるピレモンがオネシモと和解し、もはや奴隷としてではなく兄弟として、オネシモがパウロの伝道に戻って加わることを認めてくれることである（12～16節）。

4　パウロは、ピレモンがオネシモを同じ信仰者として迎え入れるよう繰り返し要請し、オネシモのために被った損失はすべて自分がピレモンに返済すると付け加えている（17～19節）。パウロは、自分がピレモンの回心に貢献したことをほのめかしている。

5　パウロは最後の訴えをもって手紙の本文を終える（20節）。

6　パウロは、ピレモンがパウロの求め以上のことをしてくれると確信しており、それはおそらく、ピレモンがきっとオネシモの自由を認めてくれると思っていることを示唆している（20～21節）。彼は自分の旅の計画、あいさつ、祝福で締めくくる（22～25節）。

B　著者――ピレモンへの手紙は誰が書いたのか

現代の学者たちは一致して、パウロが書いたと見ている。

C　年代、執筆場所――ピレモンへの手紙はいつ、どこで書かれたのか

パウロがコロサイ人への手紙とピレモンへの手紙を書いたのは、同じ場所と時期であり、おそらく紀元六〇年代初めのローマにおいてであると思われる。両書簡とも、テモテを共同差出人に含み、獄中のパウロを描き、エパフラスとアルキポに言及し、パウロの同労者としてマルコ、アリスタルコ、デマス、ルカを含み、オネシモに言及している。オネシモはコロサイに住んでいたので（コロサイ4・9）、ピレモンもコロサイに住んでいたと考えてよい。

D　読者、目的――ピレモンへの手紙は誰に、なぜ書かれたのか

ピレモンへの手紙はパウロ書簡のうちで最も短く、最も個人的な手紙である。二人の単なる個人的な手紙ではなく、私的な手紙と、広い読者を対象とした公的な手紙の中間に位置する（1～2節）。

パウロが宛てて書いているピレモンについて私たちが知っているのは、教会の集会が開かれている家（2節）の「奴隷所有者」ということだけである。〔オネシモ逃亡の事情という〕微妙な問題については少なくとも二つの説がある。

1　オネシモはピレモンの逃亡奴隷で、ローマで投獄されていたパウロと出会って改宗した。パウロはローマの法律に従って、オネシモを主人のもとに送り返そうとしている。パウロはピレモンに手紙を出して事情を説明し、オネシモを兄弟として受け入れ、解放するよう促したのではないか。この伝統的な説明には、一つの重要な難点がある。つまり、オネシモが獄中で、自分の主人を知っている男に偶然出会ったのはなぜなのか。一つの答えとして考えられるのは、ローマまで逃げ延びたオネシモが、逃亡を思い直し、パウロに避難と援助を求めたのではないかということである。

2　オネシモは逃亡奴隷ではなく、主人との関係が悪かったので、パウロに仲介を求め

たという説。しかし、オネシモが仲介者を探すために、わざわざパウロがいたとされるローマまで行ったとは考えにくい。

E　貢献――ピレモンへの手紙は私たちの信仰理解にどのような貢献をしているのか

1　犠牲的愛

この手紙は、キリストの体なる生きた教会を特徴づける相互愛と尊敬の美しい絵画である。三人の主要登場人物はそれぞれ、兄弟である信仰者の利益のために自分の利益を犠牲にしなければならなかった（ピリピ2・4参照）。

a　オネシモは主人のもとに戻り、彼の権威（そしておそらくは罰）に服さなければならない。

b　パウロは使徒的権威を行使することなく、キリスト者が同胞キリスト者に訴えるという役割を自らに課した。

c　ピレモンは、パウロに求められるからではなく、キリスト者の愛から行動するように勧められている。パウロは（オネシモがパウロにとってとても大切な存在であることもあって）ピレモンに微妙な圧力をかけてはいるが、それでもピレモンに選択の余地を残している。

2　奴隷制度

この手紙は奴隷制度に対するキリスト教的アプローチへの私たちの理解

に貢献している。パウロはここでも、また彼の手紙の他の箇所でも、奴隷制度を攻撃してはいない。新約聖書の著者たちはそのような方法で奴隷制度を扱ってはいない。オネシモの改宗によって、パウロはピレモンとまったく新しい関係を持つことになり、ピレモンは奴隷のオネシモを少なくとも兄弟として扱うべきだと言っている。しかし、パウロはこれ以上のことを言っているのだろうか。定かではないが、オネシモの新しい霊的立場が社会的に持つ意味、つまりピレモンはオネシモを今や自分の奴隷としてではなく、兄弟とみなすべきだということを示唆しているのかもしれない。

F　振り返りとディスカッションのための問い

1　自分の言葉で、この手紙が何について書かれているのか説明しなさい。

2　なぜこの手紙が聖書にあると思うか。その永久的な価値は何か。

G　推薦図書

コロサイ人への手紙の推薦図書を参照。

第19章　ヘブル人への手紙

Ａ　内容――ヘブル人への手紙には何が記されているのか

ヘブル人への手紙のテーマは、イエス・キリストが至高の方だということである。その無条件の優位性は、御使いであろうと人間であろうと、いかなる者の挑戦にも揺るぎない。イエス・キリストによって結ばれた契約は、それ以前のどの契約よりも優れており、その祭司職はレビ人よりも優れ、また彼がささげたいけにえは、モーセ律法の下でささげられたものよりもはるかに優れている。旧約聖書の目的はキリストを指し示すことにあった。手紙全体で旧約の解釈と奨励を織り交ぜながら、著者はキリストの優位性を強調し、読者にキリスト信仰から逆戻りしないように警告している（2・1～4、3・7～4・11、4・12～16、5・11～6・12、10・19～39、12・1～13・17）。

1　御子イエス・キリストによる神の啓示は優れて最終的なものであり（1・1～4）、御子は御使いよりも優れている（1・5～14）。警告――この優れた啓示から離れるな。特に、それ以前の、より小さな啓示を無視した者たちを神は厳しく裁いたのだから（2・1～4）。イエスは「あわれみ深い忠実な大祭司」として、死すべき堕落した人間（御使いではない）と自身を同一視した（2・5～18）。

2 モーセもイエスも神の家で忠実に仕えたが、イエスは「モーセよりも大いなる栄光を受けるにふさわしい」（3・1～6）。警告――モーセの世代の多くがそうであったように、不信仰に陥って神の安息を逃してはならない（3・7～4・11）。この啓示の明確な権威から逃れようとするのはまったくの愚行である（4・12～13）。

3 イエスは偉大な大祭司である。彼は私たちの弱さに共感することができ（4・14～16）、旧約の大祭司資格要件を超越して満たしている（5・1～10）。警告――信仰から脱落してはならない（5・11～6・20）。霊的未熟さを超えて前進せよ（5・11～6・3）。背教者は回復できないのだから（6・4～8）、神の約束に確信をもって忍耐せよ（6・9～20）。

4 メルキゼデク系の祭司職はレビ系よりも優れており、イエスは前者に属する（7・1～28。5・6、10、創世14・18～20、詩篇110篇参照）。旧約のいけにえが「何も全うしなかった」（7・19）のとは異なり、イエスのいけにえは永遠に有効であり、彼を通して「神に近づく人々を完全に救うこと」ができる（7・25）。古びた旧約の大祭司と幕屋は、新約の大祭司なるイエスの影にすぎない（8・1～13。エレミヤ

31・31～34参照）。幕屋での礼拝（9・1～10）は、キリストの犠牲の永続的な効果（9・11～28）と対照的である。古い秩序は新しい契約の現実の「影」にすぎなかった（10・1～10）。新しい大祭司の即位も、その犠牲の働きの最終性と永続的な効果を証明している（10・11～18）。

5 警告——耐え忍びなさい！　新しい契約の排他的充足性から脇道にそれることはきわめて危険である（10・19～39）。忍耐強い信仰が必要であり、その模範は聖書全体を通して示されている（11・1～40）。イエスを見よ。彼は私たちの信仰を「創始」して神への道を開き、信仰に必要なことをすべて「完成」させた（12・1～3）。試練は神の愛の御手による懲らしめである（12・4～13）。堕落する者はエサウの同調者である（12・14～17）。旧約における地上のシナイと対照されているのは天上のシオンであり、キリスト者は忍耐をもってそこを目指していくのである。

6 結びの勧告は、手紙の読者が後戻りする可能性のある特定の道に対抗するものである（13・1～17）。著者は、祈りの要請（13・18～19）、彼自身の祈りと頌栄（13・20～21）、個人的な知らせ（13・22～23）、そして最後にあいさつと祝福（13・24～25）をもって結んでいる。

B　著者――ヘブル人への手紙は誰が書いたのか

誰がヘブル人への手紙を書いたのかは分かっていない。パウロが著者とされてきたが、その可能性はきわめて低い。用語や文体の違いが多いことだけでパウロが作者であることを否定することはできないが、パウロが著者である可能性を低くしている。さらに重要なのは、パウロ書簡の通例に反し、手紙の冒頭に自称するあいさつがないことである。とりわけ、パウロが自分自身を、主からではなく、主から「聞いた人たち」から福音を聞いた者の一人だと名乗ることは、ほとんど考えられない（2・3。ガラテヤ1・11～12参照）。今日、パウロが著者であることを擁護する者は皆無に等しい。

他に考えられる著者は、バルナバ、アポロ、アキラとプリスキラ、シラス、テモテ、エパフラス、執事ピリポ、イエスの母マリア、ルカ、ローマのクレメンスなどである。推測するよりも、誰がヘブル人への手紙を書いたのか分からないことを単純に認めるほうがはるかによい。しかし、ヘブル語旧約聖書の引用がほとんどないことから分かるように、著者がギリシア語訳旧約聖書に精通していたことは確かである。彼はおそらく、十分な教育を受けたギリシア系ユダヤ人で、キリスト者になった第二世代の信仰者であったと思われる（ヘブル2・3）。ヘブル人への手紙の最初の読者に、彼の素性はほぼ間違いなく知られていた。

C　執筆場所――ヘブル人への手紙はどこで書かれたのか

ヘブル人への手紙がどこで書かれたのかについては、ほとんど証拠がない。唯一の明らかな手がかりは13・24にある――「イタリアから来た人たちが、あなたがたによろしくと言っています」。これは曖昧な表現であり、この手紙がイタリアに向けて書かれたのか、イタリアから書かれたのか、あるいはそのどちらでもないのかがはっきりしない。この書とその概念的なカテゴリーを分析すれば、おそらく、この本の執筆事情についてよりも、この作品の意図された読者について、より多くのことが明らかになるだろう。

D　年代――ヘブル人への手紙はいつ書かれたのか

紀元六〇年から一〇〇年の間であれば、どの年代でも妥当であるが、多くの証拠が紀元七〇年以前を支持している。これは、七〇年にローマ軍が神殿を破壊した後、エルサレムでの犠牲奉献ができなくなったという事実が裏付けとなっている。著者はこの手紙を書いた当時、まだ犠牲奉献が行われていたような印象を与えている（例えば、8・13、10・1〜3）。もし、犠牲がすでに中止されていたのなら、著者の主張は別の形に変えなければならなかっただろう。

E 読者、目的——ヘブル人への手紙は誰に、何のために書かれたのか

ヘブル人への手紙の目的を評価することは、宛先が誰であるかを理解することと表裏一体である。著者は読者の人生経験に言及しているので（例えば、10・32～34）、特定のグループを念頭に置いて書いていると推測できる。このグループの場所としては、アレクサンドリア、アンティオキア、ビティニアとポントス、カイサリア、コロサイ、コリント、キプロス、エペソ、エルサレム（またはパレスチナ全般）、ローマ、サマリアなどが考えられる。ローマが最も可能性が高いと思われるかもしれないが、その場所を特定しようとする試みは単なる推測に過ぎない。幸いなことに、宛先の地理的位置を決定することによって、釈義上の問題が左右されることはほとんどない。

この書物が、信仰告白を保持するよう促されたキリスト者のために書かれたものであること（例えば、3・6、14、4・14、10・23）については、すべての人が同意しているが、その民族的背景がギリシア人なのかユダヤ人なのかについては、すべての人が同意しているわけではない。著者は、読者がユダヤ教に回帰する理由をたしなめるが（13・7～9、13など）、著者の関心はその理由よりも、その結果にある。彼らはキリストの犠牲と祭司の働きを相対化することによって、事実上それらを否定することになり、そうすることによって背教に近づく危険性がある。著者は、まさにそのような災いを防ぐためにこの手紙を書いたのである。

F　文体――ヘブル人への手紙はどのような文体か

ヘブル人への手紙は、新約聖書の中で、あいさつもなく、書き手も読者も名乗らずに始まる二通の手紙のうちの一つである（もう一つはヨハネの手紙第一）。しかし、手紙のように結ばれており（13・22〜25）、著者は特定の読者を念頭に置いている（5・12、6・10、10・32参照）。おそらく、もともとは説教か、一連の説教が手紙になったものであろう。この書物の構成については現在でも多くの学者が議論しているが、そのメッセージ自体は明瞭である。

G　貢献――ヘブル人への手紙は私たちの信仰理解にどのような貢献をしているのか

1　**キリストの人とみわざ**　ヘブル人への手紙は、イエスの祭司としての働き、彼の犠牲の最終性、御子としての性質、受肉の重要性、私たちの信仰の「創始者」としての役割について、私たちの理解を豊かにする。ヘブル人への手紙に顕著な関連テーマには、完全性（7・11、28など）、安息日（4・11）、信仰（11章）、新しい契約（8・6〜13など）がある。

2　**旧約解釈のモデル**　著者が旧約聖書を多用していることから、一世紀のキリスト者が旧約聖書をどのように読んでいたかを探ることができる。ヘブル人への手紙の中には、予型論、預言、特定の旧約テキストとヘブル民族の歴史との相互作用が見られる。このように、ヘブル人への手紙は、聖書を帰納的、全体的、歴史的に読むための、また救いの歴史の制約の中で特定の聖句を解釈するための、多くの有効な要素を提供している。

3 **神の民** 神の民が（旧約下の）イスラエルから（新約下の）教会へとどのように移っていったのか、その理解に光を与えてくれる。

4 **忍耐** ヘブル人への手紙はキリスト者に忍耐を勧め、背教や宗教的形式尊重主義による気休めに対する明確な警告を与えている。

H 振り返りとディスカッションのための問い

1 ヘブル人への手紙によると、イエス・キリストは何よりも優れているのか。またそれはなぜか。

2 信仰告白をするキリスト者は何に注意すべきか。

3 新約の何が新しいのか。

Ⅰ 推薦図書

入門

Guthrie, George H. *Hebrews*. NIVAC. Grand Rapids: Zondervan, 1998.

Hagner, Donald A. *Encountering the Book of Hebrews: An Exposition*. Grand Rapids: Baker, 2002.

中級

France, R. T. “Hebrews.” Pages 17-195 in *Hebrews-Revelation*. Rev. ed. EBC 13. Grand Rapids: Zondervan, 2006.

上級

O'Brien, Peter T. *The Letter to the Hebrews*. PNTC. Grand Rapids: Eerdmans, 2010.

第20章　ヤコブの手紙

A　内容――ヤコブの手紙には何が記されているのか

1　冒頭の宛名には「離散している十二部族に」（1・1）とある。

2　**試練と成熟**（1・2〜18）　キリスト者は苦難の中に意味と目的を見いだし（1・2〜4）、信仰の祈りをもって知恵を求めなければならない（1・5〜8）。キリスト者の世界観は、貧しさと富（1・9〜11）、試練と誘惑（1・12〜15）に適用されるべきであり、神がそのあらゆる良い賜物の源である（1・16〜18）。

3　**真のキリスト者は、その行いに現れる**（1・19〜2・26）　この段落では、関連する三つの言葉に焦点が当てられる。

a　「（神の）みことば」（特に1・19〜27）――「心に植えつけられたみことばを素直に受け入れなさい」（1・21）、そして、みだらな言葉や怒りを避けること（1・20）などを実行することによって、神のことばを真に受け取る（1・22〜27）。

b　「律法」（特に2・1〜13）――キリスト者は、他者に対して公平に接することによって、「最高の律法」（2・8）を全うし、裁きを免れる。

c　「行い」（特に2・14〜26）――真の信仰は常に従順によって示され、その行いに示された信仰のみが救いをもたらす。

4　**共同体の不和**（3・1〜4・12）　言葉の力と危険に注意しなさい（3・1〜12）。不和の原因は、間違った知恵（3・13〜18）と欲求不満（4・1〜3）にある。折衷的キリスト教信仰を悔い改め（4・4〜10）、互いに中傷したり裁いたりしないようにすべきである（4・11〜12）。

5　**キリスト者としての世界観の意味**（4・13〜5・11）　あなたがたのすべての計画に神を考慮に入れなさい（4・13〜17）。主が再臨する時、神は悪しき富める者をさばき（5・1〜6）、正しい者に報いる（5・7〜11）。

6　**最後の勧告**（5・12〜20）　誓わないこと（5・12）、むしろ体の癒やしのために祈り（5・13〜18）、互いの霊的健康に気を配ること（5・19〜20）。

B　著者――ヤコブの手紙は誰が書いたのか

この手紙は、「神と主イエス・キリストのしもべヤコブ」（1・1）によって書かれたとある。知られていないヤコブの可能性もあるが、著者の特定が単純であることから、よく知られた人物であり、おそらく新約聖書に記されている人物であろう。考えられる著者は以下のとおりである。

1　ヨハネの兄弟で十二弟子の一人、ゼベダイの子ヤコブ（マルコ1・19、5・37、9・2、10・35、14・33など）は、四四年頃に殉教した（使徒12・2）ので、執筆者とするには早すぎる。

2　アルパヨの子ヤコブも十二人の一人であるが（マルコ3・18、おそらく15・40も）、あまりにも曖昧である。

3　ユダの父ヤコブ（ルカ6・16、使徒1・13）は、さらに曖昧である。

4　偽名著者（無名の初期キリスト者がヤコブの名で書いたもの）という説もあるが、これは古代世界における偽名書簡の受容性に関して深刻な異論に直面する（8章参照）。

5　広く受け入れられている著者はイエスの兄弟ヤコブ（「主の兄弟」ガラテヤ1・19）であり、彼は初期のエルサレム教会で指導的な役割を果たし、新約聖書で最も著名なヤコブであることは確かである（使徒12・17、15・13、21・18参照）。これは、この手紙自体に明言されていることの自然な解釈であるばかりか、新約聖書と初期キリスト教の証拠によって裏付けられており、それに対する決定的な反論はない。

C　執筆場所、年代――ヤコブの手紙はどこで、いつ書かれたのか

ヤコブはエルサレムのキリスト教会の指導者として在任中に、エルサレムからこの手紙を書いたと思われる。著者をイエスの兄弟ヤコブと特定する人の中には、この手紙を紀元六二年に殉教する少し前に書いたとする人もいる。この遅い時期を提唱する論拠の一つは、パウロの手紙が十分に知られるようになってからでなければ、2・14～26でヤコブが行っていると思われる応答には時間が必要だということである。しかし、この箇所は、パウロ書簡そのものへの応答ではない。むしろ、パウロの教えを間接的で不正確な形で利用し、信仰による義認を道徳的な甘さの言いわけに使う者に対する応答とするほうが、よりよく理解できる。つまり、義認に関するパウロの教えが教会に影響を与え始めていた頃であり、パウロが四八年か四九年のエルサレム会議でヤコブと議論する前である（使徒15章）。このように考えると、この手紙はその状況と強調点から見て、四六年から四八年頃に書かれたと考えるのが妥当であろう。

D　読者――ヤコブの手紙は誰に書かれたのか

四世紀までに、ヘブル人への手紙に続く新約聖書の七書簡は「公同（一般）書簡」と呼ばれるようになっていた。その理由は、これらの手紙がパウロ書簡とは異なり、特定の会衆に宛てられたものではなく、教会一般に宛てられたものと思われたからである。しかし、これらの手紙はそれぞれ、一つの会衆に宛てられていないとしても、少なくとも特定の地域の人々に宛てて書かれている。

ヤコブの手紙は諸国民の間に「離散している十二部族」（1・1）全般に宛てているが、おそらくパレスチナの北と東にいる限られたユダヤ人キリスト者（1・25、2・2、8～13、また使徒11・19参照）を対象としている。ヤコブは離散している神の契約の民に慰めと励ましを送っている。しかし、特定の地域的な問題や人物への言及がないという意味で、〝公同〟あるいは〝一般的〟手紙というカテゴリーがヤコブの手紙に当てはまる。

E　文体――ヤコブの手紙はどのような文体か

この手紙には典型的な序文があるが、通例の結び（例えば、旅行の計画、祈りの要請、あいさつなど）がない。このことから、ヤコブの手紙は、離散する神の民が定住している地域社会を対象とした、よりフォーマルな手紙であると考えられる。もっと具体的に言えば、この手紙は一本あるいは一連の説教である可能性が高い。

1　牧会的訓戒が手紙全体に浸透している。ヤコブの手紙には、他の新約聖書のどの書物よりも頻繁に命令が記されている。

2　ヤコブの手紙の構成は緩やかで、トピックからトピックへの移動が速く、数節で主題の変わることが多い。

3　喩えや比喩が効果的に使われている（例　波立つ海、枯れた花、燃える柴）。

F　貢献――ヤコブの手紙は私たちの信仰理解にどのような貢献をしているのか

1　**信仰と行い**　ヤコブの手紙の第一の貢献は、キリスト者の真の信仰は行いの中で明らかにされなければならないという彼の主張である。ヤコブが断固反対するのは、現世と来たるべき世の両方の利益を得ようとするような、中途半端で妥協的な信仰に満足するキリスト者にありがちな傾向である。これは二心の罪であり（1・8、4・8）、ヤコブはキリスト者がそれを悔い改めるよう主張する。

2　**義認と行い**　ヤコブが強調しているのは義認における行いの役割であり（2・14〜26）、これはパウロの、義認は信仰のみによって与えられるという主張（ローマ3・28など）と対立する可能性がある。ヤコブとパウロを調和させるには、少なくとも二つの方法がある。

a　ヤコブは「義とする」という動詞を「人々の前で立証する」という意味で使っている（ルカ7・29参照）。パウロは私たちへの義の宣言に当てはめているが、ヤコブは私たちの義の証明に用いている。

b　ヤコブは「義とする」という動詞を「最後の審判で立証する」という意味にも使っている（マタイ12・37参照）。パウロもヤコブも神の前における罪人の義に言及しているが、パウロはその義を最初に受けることに焦点を当て、ヤコブはその義が審判において神の前で立証されることを強調している。義認は「信仰に始まり信仰に進ませる」（ローマ1・17）ものであるが、真の聖書的信仰は力強く行動的であるため（ヤコブ5・16）、真の信仰者は終わりの日の立証に必要な行いを生み出すのである。

このような神学的調和化は絶対に必要だが、パウロとヤコブの重要な貢献を無視するようなことがあってはならない。パウロとヤコブは背中合わせに戦いながら、異なる相手と戦っている。パウロは人間の行いに救いを基づかせようとする試み（律法主義）と戦い、ヤコブはキリスト者にとって行いは無用なものとして退ける態度と戦っているのである。

G　振り返りとディスカッションのための問い

1　ヤコブの手紙は通例の手紙とどう違うか。
2　ヤコブが⑴試練と⑵発言について述べていることを要約しなさい。
3　ヤコブ2・14～26（信仰と行いによる義認）を、パウロの信仰のみによる義認とどう調和させるか。

H　推薦図書

中級

Guthrie, George H. "James." Pages 197-273 in *Hebrews-Revelation*. Rev. ed. EBC 13. Grand Rapids: Zondervan, 2006.

上級

Bauckham, Richard. *James: Wisdom of Jesus, Disciple of Jesus the Sage*. London: Routledge, 1999.
Moo, Douglas J. *The Letter of James*. PNTC. Grand Rapids: Eerdmans, 2000.

第21章　ペテロの手紙第一

A　内容――ペテロの手紙第一には何が記されているのか

パウロがまず神学的な論点を展開してからそれを適用することが多いのとは異なって、ペテロは教理と適用を混在させている。ほとんどすべての段落が命令で始まり、その命令の根拠となる神学が途中に挿入されている。

1　冒頭でキリスト者を「散って寄留している選ばれた人たち」と呼ぶ（1・1〜2）。

2　**神の民には特権と責任がある**（1・3〜2章）　新しい誕生は彼らに確かな希望と受け継ぐ資産、すなわち将来の救いを与える（1・3〜9）。預言者たちはこの救いを予告し、天使たち自身もそれを見ることを切望している（1・10〜12）。キリスト者はこの新しい誕生に根ざし、キリストにおいて彼らを贖う神の行為によって鼓舞される、聖なるライフスタイルを示さなければならない（1・13〜2・3）。キリストを「石」にたとえることは、キリスト者に彼らの新しい立脚点を思い起こさせる。それは神の民であり、神への賛美を宣言する使命である（2・4〜10）。

3　**キリスト者はこの世の異邦人、寄留者のように生きるべきである**（2・11〜4・11）
キリスト者のライフスタイルは、その住んでいる敵対的な世界とは異なりながらも、魅力的なものであるべきである（2・11〜12）。この生き方の一局面として「人が立てたすべての制度に」従う（2・13a）。具体的には、すべての信者は政府に従い（2・13b〜17）、奴隷は主人に従い（2・18〜20）、妻は夫に従うべきである（3・1〜7）。キリストの模範は、神の力と善を証しするために（3・1）、キリスト者の義務を変革する（2・21〜25）。キリスト者はお互いに、また未信者ともできるだけ調和して生きるべきであり（3・8〜12）、苦しんでいる読者は、自分たちが直面している敵対者に対して、大胆な証しと魅力的な言動で応えなければならない（3・13〜17）。ペテロは旧約聖書の言葉とユダヤ教の伝統（創世6章、第一エノク書）などを用いて、キリストを悪の力に勝利宣言した方としてほめ称える（3・18〜22）。キリスト者のライフスタイルは明確なものであるべきで（4・1〜6）、終わりが近いことに根ざしていなければならない（4・7〜11）。

4　キリスト者は苦難に正しく対応すべきである（4・12〜19）。長老たちは正しい動機をもって神の群れを牧し、「若い人たち」は彼らに従わなければならない（5・1〜5a）。キリスト者は、反対にあっても謙虚で強くなければならない（5・5b

〜11)。

5　ペテロは最後にあいさつで締めくくる（5・12〜14)。

B　著者——ペテロの手紙第一は誰が書いたのか

著者は「イエス・キリストの使徒ペテロ」（1・1）であると明記しており、ペテロの手紙第二はこの第一の手紙に言及しているようである（Ⅱペテロ3・1)。ペテロがこの手紙を書いたという初期の証言は強いが、現代の学者の多くはペテロがこの手紙を書いたことを否定している。彼らの最も強い主張は、この手紙のギリシア語が、正規の教育を受けたことのない漁師にしては、あまりにも滑らかで能弁だということである。しかし、ペテロは十分な教育を受けた書記を使ったかもしれないし、ペテロ自身が書いた可能性もないわけではない。ペテロがこの手紙を書いたと主張することは、それが偽名文書であると主張することよりもはるかに問題が少ない。

C　執筆場所——ペテロの手紙第一はどこで書かれたのか

ペテロは「バビロンの教会」（5・13）からあいさつを送っているが、これはペテロが手紙を書いた場所がバビロンであることを示唆している。現代の学者たちがほぼ一致しているのは、「バビロン」を旧約聖書でイスラエルとの関係におけるバビロンの役割から引き出されたこの世的権力の象徴とみなすことである。ヨハネの黙示録におけるバビロンの用法に従えば、ペテロは、当時の世俗的影響力の中心であったローマを指していることになる。「バビロンの教会」とは、ローマにある教会（文法的にはギリシア語女性名詞）を指している。

D　年代――ペテロの手紙第一はいつ書かれたのか

この手紙が書かれたのは、ほぼ間違いなく紀元六二年から六三年である。ペテロが殉教する前に第二の手紙を書くには残された時間がないため、六三年以降というのは考えにくい。

E　読者――ペテロの手紙第一は誰に書かれたのか

ペテロが想定していた読者は、限定的ではないにしても、おもに異邦人である（1・18、2・10、4・3）。これらのキリスト者は、ローマ帝国時代の小アジア（現代ではトルコ国）の五つの州に住んでいた（1・1）。ペテロが「福音を語った人々」（1・12）と言っているのは、彼が個人的にこれらのキリスト者に伝道したのではないことを示唆している。

F 目的――ペテロの手紙第一はなぜ書かれたのか

ペテロは、信仰のために迫害されているキリスト者を慰めている（1・6、3・13～17、4・12～19）。ローマ人はキリスト者を猜疑と敵意の目で見ていた。なぜなら、キリスト者はローマの公的な政府機構を取り巻く疑似宗教的な習慣に関わることを拒否し、蔓延している不道徳な習慣のいくつかに断固として反対し、自分たちは主の晩餐を祝うために頻繁に集まっていたからである。ペテロの手紙第一の読者たちは、批判され、あざけられ、差別されたであろうし、おそらくはでっち上げの罪状で法廷に引き出されることさえあっただろう。ペテロが勧めているのは、敵対的で疑り深いこの世に対して、神を賛美する手段として「圧迫下での敬虔さ」を示すことによって証しするようにということである。

G 貢献――ペテロの手紙第一は私たちの信仰理解にどのような貢献をしているのか

1 **旧約聖書の引用** ヘブル人への手紙とヨハネの黙示録を除いて、新約聖書の中でこれほど旧約聖書に依拠している書物はない。旧約聖書を八回も引用し、言及はさらに頻繁であり、旧約聖書の思想や語彙がふんだんに使われている。

2 **希望** ペテロは苦難にあるキリスト者を励ますために、希望、すなわち将来の栄光への確信に満ちた期待を強調している（例えば、1・3～12）。

3

神の民　ペテロは旧約聖書のイスラエルへの言葉をキリスト者に繰り返し適用し、神の民としてのアイデンティティを思い起こさせることによって、苦しんでいるキリスト者を励ましている。例えば、「資産を受け継ぐ」（1・4）、新しい神殿である「霊の家」（2・5）、神の不思議なみわざを宣言するために召された「選ばれた種族、王である祭司、聖なる国民」（2・9）、「神の家」（4・17）などである。この言葉は、ペテロの読者が少なくとも異邦人中心であることを思い起こすと、いっそう注目に値する。（しかし、ペテロがイスラエルから教会への特権と称号の〝譲渡〟を示していると考えないように注意すべきである。）

4

キリスト　ペテロは苦難にあるキリスト者を慰めるために、彼らの希望とアイデンティティの根拠はキリストの死、復活、昇天、再臨にあるとしている。

a　信仰者が現に享受している、あるいは享受したいと願っている祝福は、キリストの死と復活に根ざしている（1・3、18～21、2・24～25、3・18、4・1）。

b　イエスが昇天の時に宣言した、邪悪な霊的存在に対する勝利は、キリスト者が彼らの力を恐れる必要がないことを意味している（3・14、19～22）。

c　イエスの栄光の再臨は神の民に救いと祝福の時をもたらす（1・7、13、5・4）。

d　イエスの行いは、キリスト者が現在もまた将来も神の恵みを経験する土台となる一方で、キリスト者が倣うべき模範ともなる。イエスが受難を通して栄光に入ったように（1・11）、イエスに属する者もまたそうでなければならない（4・13。5・1参照）。苦難にあるキリスト者は、迫害者をののしらず、神に自らを委ねた救い主に倣うべきである（2・21～23）。

H　振り返りとディスカッションのための問い

1　なぜペテロはこの手紙を書いたのか。

2　この手紙は、迫害されているキリスト者をどのように励ましているか。

I　推薦図書

入門

Clowney, Edmund. *The Message of 1 Peter*. BST. Downers Grove: InterVarsity Press, 1988.

中級

Grudem, Wayne A. *The First Epistle of Peter*. TNTC. Grand Rapids: Eerdmans, 1988.
Marshall, I. Howard. *1 Peter*. IVPNTC. Downers Grove: InterVarsity Press, 1991.
Schreiner, Thomas R. *1, 2 Peter, Jude*. NAC 37. Nashville: Broadman & Holman, 2003.

第22章　ペテロの手紙第二

A　内容──ペテロの手紙第二には何が記されているのか

1　ペテロは読者について神学的な説明をするあいさつで始め（1・1〜2）、神の賜物と約束に基づいて読者を励ます（1・3〜11）。ペテロは自分がまるで死の床にあるかのように、最後にもう一度、彼らが大切にすべき真理を思い起こさせる（1・12〜15）。

2　キリスト者はイエスが再び来るという絶対的な確信を持つことができる。変貌山での出来事の時、ペテロや他の使徒たちはイエスの将来の栄光を垣間見た。また聖霊によって語った信頼できる預言者たちも同じ真理を確約している（1・15〜21）。

3　ペテロは偽教師たちを糾弾し（2・1〜22）、彼らを示して描写する（2・1〜3a）。旧約聖書の例を用いて彼らを非難し、偽教師の最終的な運命について読者を安心させる（2・3b〜10a）。彼らを傲慢、肉欲的、貪欲と描写し（2・10b〜16）、再び非難する（2・17〜22）。

4　ペテロが読者に「記憶を呼び覚ます」よう勧めているのは、主の来臨と裁きの日をはっきりと預言していた主と預言者たちの教えである（3・1〜13）。偽教師たちはこの来るべき介入を否定し、神が以前にも天地創造と洪水において直接介入したことを故意に忘れている。

5　ペテロは最後の勧告と頌栄で締めくくる（3・14〜18）。ペテロは恵みと知識に言及し、手紙を構成している（1・2、3・18a）。

B　著者——ペテロの手紙第二は誰が書いたのか

この手紙は、「イエス・キリストのしもべであり、使徒であるシモン・ペテロ」（1・1）が書いたとあり、その主張は個人的な回想によって補強されている（1・13〜16）。しかし、新約書簡中で、本書ほど著者名が挙げられている人物が著者ではないという見解が学者の間で行き渡っているものはほかにない。私たちはこの手紙自体の主張を受け入れるか、あるいは聖書に含めるに値しない偽書とみなすかの選択を迫られている。ペテロが作者であることを否定する最終的決定的な論拠はないので、私たちはペテロがこの手紙を書いたと結論づける。

C　執筆場所――ペテロの手紙第二はいつ、どこで書かれたのか

ペテロがこの手紙を書いたと考えられるのは六五年よりも少し前のことである。この年、ネロによるローマでのキリスト教徒迫害の最中に殉教したことが、信頼できる初期の伝承に記録されている。ペテロがローマから手紙を書いているのはほぼ間違いなく、自分の死に関する主の預言が成就する時が来たことを感じ取っていたのである（1・13〜14。ヨハネ21・18〜19参照）。ペテロが言及している偽教師たちを特定すれば、この手紙の日付と状況を特定するのに役立つだろうが、ペテロは偽教師について述べるよりも、その偽の教えを非難することに関心を持っているので、十分な証拠はない。

D　読者――ペテロの手紙第二は誰に書かれたのか

ペテロが手紙を書いている宛名は、「私たちの神であり救い主であるイエス・キリストの義によって、私たちと同じ尊い信仰を受けた方々」である（1・1）。具体的な記述がないため、昔のクリスチャンたちは、ペテロの手紙第二を「一般的」あるいは「公同」の手紙として分類し、世界中の教会に宛てていた。しかし、この手紙は、読者が特定の誤った教えの脅威下にあり、またパウロの手紙を少なくとも二通受け取っているか、あるいは知っていることを示唆している（3・15）。ペテロはこの手紙を「あなたがたへの二通目となる手紙」

（3・1）と呼ぶことで、ペテロの手紙第一のことを示していると思われるが、これは彼の読者がおもに異邦人であることを意味している。ペテロは、読者が慣れ親しんでいるであろう宗教的な言葉を使うことによって、彼らの必要を満たすように福音を文脈化しているのである。

E　目的――ペテロの手紙第二はなぜ書かれたのか

ペテロの目的は、読者がキリストにある神の恵みを理解し、実践することにおいて成熟するよう励ますことである（3・18）。なぜなら彼らは成長を阻害するような偽の教えの脅威下にあるからである。このため偽教師についての否定的な記述と警告が、この手紙の大半を占めている。

F　ユダとペテロは互いに借用し合っているのか

ユダの手紙とペテロの手紙第二は、非常によく似た言葉で偽教師を非難している（ユダ4、6～9、12、18とⅡペテロ2・1、3～4、6、10～11、13、17、3・3を参照）。順序が似ており、聖書の他の箇所では使われていない単語や表現が多いので、おそらくこの二つの手紙には何らかの関係があるのだろう。ペテロがユダから借用したか、ユダがペテロから借用したかどちらの可能性が最も高いが、どちらがどちらから借用したかは分からない。

G 貢献 ——ペテロの手紙第二は私たちの信仰理解にどのような貢献をしているのか

1 **誤りの重大さ** 神学的誤りと道徳的誤りは密接な関係にあり、どちらもペテロが非難する重大な問題である（2・4、9、12〜13、17、20〜21）。

2 **主の日** この世は火によって「滅ぼされ」（イザヤ30・30、66・15〜16、ナホム1・6、ゼパニヤ1・18、3・8参照）、「新しい天と新しい地」（Ⅱペテロ3・7〜13）に変えられる。

3 **記憶** キリスト者はすでに受けた教えを、単に知的にではなく、実践的に覚えていなければならない（1・12〜15、3・1、5、8）。

H 振り返りとディスカッションのための問い

1 なぜペテロはこの手紙を書いたのか。

2 間違った神学と道徳には関係があるか。説明せよ。

一　推薦図書

入門

Moo, Douglas J. *2 Peter and Jude.* NIVAC. Grand Rapids: Zondervan, 1996.

中級

Charles, J. Daryl. "2 Peter" and "Jude." Pages 357-411, 539-69 in *Hebrews-Revelation.* Rev. ed. EBC 13. Grand Rapids: Zondervan, 2006.

Schreiner, Thomas R. *1, 2 Peter, Jude.* NAC 37. Nashville: Broadman & Holman, 2003.

第23章　ヨハネの手紙第一、第二、第三

A　内容――ヨハネの手紙第一、第二、第三には何が記されているのか

ヨハネの手紙第一

この手紙は、ある会衆、あるいはいくつかの会衆に宛てた牧会書簡である。その構成について論議されている理由は、ヨハネが同じテーマを少しずつ違った角度から繰り返し述べているためである。ヨハネは三つの規準を示している――真の信仰者はイエスが人間の肉体をとって来られたキリストであると信じるべきこと、この信仰が義のうちに実現されるべきこと、そしてこの信仰が愛のうちに実践されるべきことである。

1　プロローグ（1・1～4）。
2　神との交わりとは、光の中を歩むことである（1・5～2・17）。
3　ヨハネは自分が手紙を書いている教会や諸教会の現状を直接扱っている（2・18～3・24）。
4　ある規準が、神に属する者と「世」に属する者とを区別する（4・1～5・12）。

5　結論（5・13～21）。

ヨハネの手紙第二

1　序文（1～3）。

2　中心部分（4～11）は、巡回説教者の危険性を警告している。彼らの中には、「イエス・キリストが人となって来られたことを告白しない」惑わす者たちもいる。しかし、ヨハネはここでも、真の信仰者は真理だけでなく、互いに対する透明な愛のうちに歩むことを強く勧めている。

3　結論（12～13）。

ヨハネの手紙第三

1　序文（1～4）。

2　本文（5～12）。ヨハネは、教会が巡回福音伝道者を支援していることを称賛し、次に教会の中の二人の人物を比較する。ディオテレペスは「かしらになりたがっている」だけでなく、ヨハネの代理者を拒否し、もっと柔軟な路線をとる人々を教会から追い出すほどの力を持つようになった。ヨハネはガイオに、デメテリオの誠実さと一貫した善行を模範とするように勧め、ヨハネが行った時にはディオテレペスの悪事を指摘すると宣言する。

3　結論（13～14）。

B　著者——ヨハネの手紙第一、第二、第三は誰が書いたのか

一世紀末から二世紀前半にかけての文献には、ヨハネの手紙第一から第三に言及しているものがあり、ほかにもその著者が使徒ヨハネであることを明記しているものがある。これらの書物はゼベダイの子である使徒ヨハネ以外が書いたとされたことはない。さらに、書簡のテーマ、用語やその配列がヨハネの福音書ときわめて似ていることから、書簡そのものがヨハネが著者であることを示唆している（G参照）。

ヨハネは自らを「長老」と呼ぶことで（Ⅱヨハネ1、Ⅲヨハネ1）、牧会者としての役割（Ⅰペテロ5・1参照）、年齢（ピレモン9参照）、あるいはその両方を強調しているのかもしれない。彼は使徒であったが（ローマ1・1、Ⅰペテロ1・1参照）、エペソ地方では正確には使徒というよりも通常以上の長老であった可能性がある。仲間の使徒たちと共に目撃者として（Ⅰヨハネ1・1、3、4・14、5・6～7）、諸教会を超えた権威をもって執筆している（Ⅱ、Ⅲヨハネ）。

C　執筆場所――ヨハネの手紙第一、第二、第三はどこで書かれたのか

ヨハネの手紙はエペソで書かれた可能性が高い。その証拠に、ヨハネはユダヤ戦争（六六～七〇年）の時にエペソに移り、最終的にはそこで死んだのである。

D　年代――ヨハネの手紙第一、第二、第三はいつ書かれたのか

慎重に推定して、ヨハネ福音書を八〇～八五年（6章参照）、ヨハネの手紙は九〇年代前半とする。ヨハネの手紙が福音書の後に書かれたとする理由は、一世紀末に台頭しつつあった原始グノーシス主義（下記参照）を論駁していると思われるからである。

E　読者――ヨハネの手紙第一、第二、第三は誰に書かれたのか

ヨハネの手紙第一には宛先が記されておらず、具体的なあいさつも、一世紀の手紙に通常見られるような改まった表現もない。この手紙はおそらく、ある教会もしくは複数の教会に宛てて書かれたものと思われる。

ヨハネの手紙第二は「（神に）選ばれた婦人とその子どもたち」に宛てられている。これは、実在の女性とその家族ではなく、地域の教会を指していることはほぼ間違いない。

第三の手紙でヨハネは、ローマ帝国ではごくありふれた名前であるガイオという人物に

宛てている。これらの手紙の受取人はエペソ周辺のどこか、おそらく黙示録2〜3章に登場する七つの教会を含む地域にいたと思われる。

F 目的——ヨハネの手紙はなぜ書かれたのか

ヨハネは教会に蔓延しかけている偽りの教えへの対応として、これらの手紙を書いている（Iヨハネ2・26〜27）。中には信仰告白をした者たちですでに退会した者もおり（Iヨハネ2・18〜19）、読者へのヨハネの警告は、積極的に彼らを欺こうとしている偽教師たちについてである（Iヨハネ2・26）。ヨハネは彼らを「偽預言者」（Iヨハネ4・1）、「惑わす者」（IIヨハネ7）、「反キリスト」（Iヨハネ2・18、4・3、IIヨハネ7）と呼んでいる。

彼は信仰者を安心させるために、(a)単にキリスト者であると公言している人々と彼らとの違いを説明する。それは(b)彼らが劣等感を抱き、霊的に脅かされていた時代に、神の御前で確信し、確信する根拠を与える（Iヨハネ5・13）のである。

偽教師たちが否定するのは、人間イエスがキリストであり（Iヨハネ2・22〜23、IIヨハネ9。Iヨハネ4・15参照）、肉体を持って来たこと（Iヨハネ4・2、IIヨハネ7）、また自分たちが罪の影響を受けることとの否定である（Iヨハネ1・6〜10）。この誤った教えは、おそらく初期グノーシス主義に基づくもので、それはユダヤ教、キリスト教、異教の多様な融合であり、物質を悪とし、霊（物質以外のもの）を善とする教えである。この異端によれば、人は知識（グノーシス）を獲得することによって彼らの（邪悪な）肉体から解放されるのであって、この意味でキリストは完全には人間でなかったとされた。ヨハネがイエスは肉体をとって来たキリストであると強調するのはこのためである。

しかし、本格的なグノーシス主義は、ほぼ間違いなく新約聖書が書かれた後に発達した。ヨハネが手紙を書いた当時、この運動は勢いを増していたと思われるので、ヨハネが反論しているのは、初期・胎動期の原初的グノーシス主義である可能性が高い。

1　**仮現説**（ドケティズム）　このグノーシス主義の一派は、キリストは霊的存在（彼らの定義によれば善）であるため、実際には肉体（彼らの定義によれば悪）を取りえず、キリストは単に人間のように見えただけであると主張する。

2　**ケリントス主義**　このグノーシス主義の一派は、イエスとキリストを区別した異端者ケリントスにちなんで名づけられた。彼はイエスとキリストとを区別し、イエスは普通の人間であり、キリストは神的イオン（すなわち、至高神から発した霊的な力）であり、受洗時にイエスの上に現れ、十字架上で一人で苦しむようにイエスを去ったとする。こうした見解は、ヨハネの手紙にある誤った教えと合致しているように思われがちだが、両者は完全には一致していない。

ヨハネの手紙第二の具体的な目的は主として、そのような偽りの教えを信奉する巡回教師を会衆や家の教会に受け入れないように警告することである。ヨハネの手紙第三はおそらく、地域の権威をすべて横取りしようとする者に対する警告以外の何ものでもない。しかし、他の二通の手紙によって確立された背景の中でこのようなことが起こっているのであるから、ディオテレペスは自分の権力基盤を築くために異端を利用していたと推測できるかもしれない。

G　三通のヨハネ書簡とヨハネの福音書はどう違うのか

ヨハネの手紙とヨハネの福音書は、微妙な違いがあるものの、そのビジョンと思想は相互補完的であって矛盾してはいない。光と闇、生と死、真理と偽り、愛と憎しみなど、対比的で同様な考え方に満ちている。例えば、ヨハネの手紙第一とヨハネの福音書は、救いについて同じように語っている――贖われていない状態の私たちは「悪魔」のものであり、「初めから」罪を犯し、嘘をつき、殺人を犯した（Iヨハネ3・8とヨハネ8・44）。私たちは「世」の者であり（2・16、4・5と8・23、15・19）、それゆえ「罪を犯し」（3・4、1・8と8・34、9・41）、「闇の中を歩き」（1・6、2・11と8・12、12・35）、「死のうちにとどまっている」（3・14と5・25）。神は私たちを愛し、御子を「世の救い主」（4・14と4・42）

として遣わし、「私たちが生き」、「永遠のいのちを持つ」ようにした（4・9と3・15、16、36）その「名」を信じることによって（5・13と1・12）、私たちは「死からいのちに」移っている（3・14と5・24）。私たちは「いのちを持っており」（5・12と20・31）、いのちは「御子のうちにある」からである（5・11～12と1・4）。これが「神から生まれた」（2・29、3・9、4・7、5・4、18と1・13）ことの意味である。

H　貢献――ヨハネの手紙は私たちの信仰理解にどのような貢献をしているのか

1　**妥協しない教義**　決定的に重要なことは、福音を再定義しようとするすべての試みを教会が考試することである。その基準は、神の妥協することのない啓示された福音であって、これは変わることがなく、譲ることはできない。ヨハネの反対者たちは、自分たちがキリスト教的考察の最先端であると考えていたが（Ⅱヨハネ9）、ヨハネは淡々として福音を擁護している。この姿勢は教会がどのような教えに耳を傾けるかに関わってくる（Ⅱヨハネ）。現実的なレベルでは、ヨハネの手紙第三の背後に異端が立っていようといまいと、使徒の戒めと権威に服しない小心な教祖の居場所は教会にはない。

2　**保証**　新約聖書中のほかの書が客観的に示しているのは、キリストがその死と復活によって神の前に私たちに代わってくださったという確信の根拠であるのに対して、ヨハネ書簡では、本物の信仰と偽物の信仰が区別されている。本物の信仰を持つ者は、神の前に以下の確信を持つのである――(1)その対象が真正であること、すなわちイエスは肉体をもって来られたキリストであること、(2)その信仰が個人にもたらす変化、すなわち義と愛が増し加わることである。

3 **一世紀後半の教会** ヨハネの手紙は使徒時代末期の新約聖書教会がどのようなものであったかを垣間見せてくれる。ヨハネが強調するのは、御父とともにあり御子によって仲介された永遠のいのち（Ｉヨハネ１・２）、御子の贖い（２・１～２、３・８、４・10、５・６）、聖霊（２・20～27、３・24～４・６）である。これらの手紙は新約初期の教会と一世紀末の教会とを比較することを可能にし、同様に、二世紀、三世紀の教会へと続く軌跡を描いている。

Ⅰ 振り返りとディスカッションのための問い

1 ヨハネの手紙第一にある三つの試練とは何か。
2 グノーシス主義とは何か。
3 ヨハネの手紙第一はキリスト者の救いの保証について何を教えているか。

J　推薦図書

入門

Carson, D. A. "The Johannine Letters." Pages 351-55 in *New Dictionary of Biblical Theology*. Edited by T. Desmond Alexander and Brian S. Rosner. Downers Grove: InterVarsity Press, 2000.

中級

Stott, John R. W. *The Letters of John*. 2d ed. TNTC. Grand Rapids: Eerdmans, 1988.

上級

Kruse, Colin G. *The Letters of John*. PNTC. Grand Rapids: Eerdmans, 2000.

第24章　ユダの手紙

A　内容――ユダの手紙には何が記されているのか

ユダの手紙は簡潔だが、充実している。

1　冒頭（1～2節）。

2　ユダは手紙の執筆理由として、偽教師たちが教会に侵入してきたことを述べている（3～4節）。彼は偽教師たちを三段階に分けて暴露し、旧約聖書やユダヤ教の著作の言葉を引用しながら非難している（5～10節、11～13節、14～16節）。

3　使徒たちはこのような偽教師たちが現れることを予告していた（17～19節）。読者は神の愛のうちに自らを保ち（20～21節）、偽りの教えの影響を受けている人々に手を差し伸べなければならない（22～23節）。

4　ユダは今日でも有名な頌栄で結んでいる（24～25節）。

Ｂ　著者――ユダの手紙は誰が書いたのか

著者は「イエス・キリストのしもべ、ヤコブの兄弟ユダ」（1節）である。このヤコブは初代教会で著名な指導者となり（使徒15・13～21、21・18、ガラテヤ2・9参照）、新約聖書のヤコブの手紙を書いた人物であることはほぼ間違いない。このヤコブは「主の兄弟」（ガラテヤ1・19。マルコ6・3／マタイ13・55、ヨハネ7・5も参照）でもあったので、1節のユダとは福音書に記されているイエスの兄弟「ユダ」である（マルコ6・3、マタイ13・55）。初代教会の証言はこの結論を裏付けており、これに反対する論拠は弱い。

Ｃ　執筆時期と場所――ユダの手紙はいつ、どこで書かれたのか

この手紙は、イエスの弟によって、遅くとも九〇年までには書かれたと考えるのが現実的である。ユダの手紙とペテロの手紙第二が同様な偽りの教えについて述べていることは、ほぼ同時期に書かれたことを示唆している。ペテロの手紙第二が六四～六五年に書かれたとすると、ユダの手紙は六〇年代後半に書かれたことになるが、執筆地は確定できない。ユダが生涯パレスチナにいたのかどうかも不明である。

D　読者と目的――ユダの手紙は誰に、なぜ書かれたのか

この手紙は伝統的に「公同書簡」に分類されているが、ユダは特定の教会、あるいは教会の群れに向けて書いている。読者はおそらくユダヤ人キリスト者であり、異邦文化の中に置かれた人々だったと思われる。

ユダがこの手紙を書いたのは、偽教師たちが「忍び込んできた」ためである（4節）。偽教師たちの生き方を非難するのは、彼らが性的に不道徳であり（4、8節）、権威を軽んじ（8～10節）、利己的で（12節）、高慢（16節）だからである。ユダの手紙とペテロの手紙第二は強調の仕方に若干の違いはあるにせよ、偽りの教えの一般的な「活動」は同じであろう。ユダの手紙の記述は漠然としすぎていて、正確な特定ができない。

E　貢献――ユダの手紙は私たちの信仰理解にどのような貢献をしているのか

1　**偽りの教え**　人は否定的なことに関わることを好まないが、次のことを理解しておくことは重要である――⑴偽教師が存在すること。⑵彼らの教えは魅力的ではあるが、同時に危険であること。⑶彼らは確かに非難されるべきこと。ユダは偽教師たちを旧約聖書およびユダヤの伝統における罪人、反逆者、異端者と関連付けることによって、これらの点を指摘している。私たちはどの時代にも真理と道徳からの

離反を予期することができる。今、教会が生きているポストモダニズム〔脱近代の相対主義〕の雰囲気は、〝寛容〟の名の下の異端を歓迎する誘惑に対して警戒することを要求している。

2 **正典**　ユダはいくつかの引用をしていると思われるが、特に聖書には記されていない次の二つの引用は明らかである――9節のミカエルがモーセの遺体をめぐって悪魔と争った話（旧約外典『モーセの被昇天』からの引用）と、14～15節のエノクの預言（旧約外典『第一エノク書』1章9節からの引用）。このことから、旧約聖書の標準的な書物（すなわち、旧約聖書の「正典」）はユダの時代には定まっていなかったと誤って結論づける人もいる。しかし、ユダはこれらの書物のいずれも「聖書」として引用していないし、それらを紹介するための伝統的書式も用いていない。ユダがこれらの書物を引用しているのは、それがその時代の読者にとってよく知られているからにほかならない。

F　振り返りとディスカッションのための問い

1　この手紙の主題を一文で表しなさい。

2　ユダの偽教師に対する警告は、あなたの状況にどのように当てはまるか。

G　推薦図書

入門

Moo, Douglas J. *2 Peter and Jude*. NIVAC. Grand Rapids: Zondervan, 1996.

中級

Charles, J. Daryl. “2 Peter” and “Jude.” Pages 357-411, 539-69 in *Hebrews-Revelation*. Rev. ed. EBC 13. Grand Rapids: Zondervan, 2006.

Schreiner, Thomas R. *1, 2 Peter, Jude*. NAC 37. Nashville: Broadman & Holman, 2003.

第25章　ヨハネの黙示録

A　内容――ヨハネの黙示録には何が記されているのか

ヨハネの黙示録の構成が盛んに論議されているおもな理由は、それがこの書物の理解に根本的な影響を与えるからである。

1　**プロローグ**（1・1～20）　ヨハネは序文（1・1～3）、あいさつ（1・4～8）、栄光を受けたキリストの幻（1・9～20）で始める。

2　**七つの教会への手紙**（2・1～3・22）　復活したキリストがヨハネに命じたのは、ローマ帝国アジア州の七つの都市にある七つの教会――エペソ、スミルナ、ペルガモン、ティアティラ、サルディス、フィラデルフィア、ラオディキア――に手紙を書くことである。

3　**天国の幻**（4・1～5・14）　ヨハネが天において見るのは、主権者である神が玉座に着座し、礼拝を受けているさまであり、これが開示されるドラマの場面である。封印された巻物が神の手にあり、「屠られた姿」の「子羊」だけが、七つの封印を解き、巻物を開くにふさわしい。

4 **七つの封印**（6・1〜8・5） ヨハネは子羊が六つの封印を解く時に見たものを描写する――征服、殺戮、飢饉、死、正義を叫ぶ殉教者、自然災害（6・1〜17）。その後、ヨハネは二つの幻を見る――神によって封印されたイスラエルの部族からの十四万四千人（7・1〜8）と、「大きな患難を経てきた」無数の人々（7・9〜17）である。第七の封印を解くと、天は静寂に包まれ、七つのラッパに導かれる（8・1〜5）。

5 **七つのラッパ**（8・6〜11・19） 天使たちが最初の六つのラッパを吹き鳴らすとき、ヨハネには地上に起こる災いが見える――天からの雹と火（8・7）、海に投げ込まれる山（8・8〜9）、空から落下する大きな星（8・10〜11）、天体の変化（8・12〜13）、破壊的なイナゴ（9・1〜12）、巨大な征服軍（9・13〜21）。これらに二つの幻が続く――ヨハネが食べるように指示された小さな巻物を持った天使（10・1〜11）と、預言して殺され、再びよみがえった二人の証人（11・1〜14）である。第七のラッパには具体的な出来事はないが、神の勝利と裁きへの賛美が始まる（11・15〜19）。

6 **七つの顕著なしるし**（12・1〜14・20） ヨハネは七つの幻を見る――男の子を産む

女（12・1～6）、ミカエルとその天使たちが竜（サタン）と戦い、竜は天から追い出され、地上の女とその子と戦う（12・7～13・1a）、世界が海から出てきた獣を礼拝する（13・1b～10）、地から出た獣が世界を支配する（13・11～18）、十四万四千人が子羊を賛美する（14・1～5）、三人の御使いの幻（14・6～13）、「人の子のような」存在が御使の助けによって地を収穫する（14・14～20）。

7　**七つの鉢**（15・1～16・21）　ヨハネは「七人の御使いが、最後の七つの災害を携えていた」のを見た（15・1）。獣に勝利した人々は、御使いたちが災いを携えて神殿から出てくる時に神を賛美した（15・2～8）。それは御使いたちが次々と地上に注ぐ七つの鉢である（16・1）——「獣の刻印を受けている者たちと獣の像を拝む者たちに、ひどい悪性の腫れものができた」（16・2）。海は血に変わり（16・3）、川と泉は血に変わり（16・4～7）、太陽の灼熱（16・8～9）、獣の支配権の破壊（16・10～11）、ユーフラテス川が干上がり、ハルマゲドンでの「戦い」のために悪霊どもがやって来る（16・12～16）、そしてクライマックスとしての地上の完全な破壊による「事は成就した！」との叫びである（16・17～21）。

8　**全能の神の勝利**（17・1～21・8）　これらの幻は、この世と来るべき世における神の卓越的勝利を描写し、祝している。神は悪者を裁き、正しい者に報いる。ヨハネに見えているのは、神の民を迫害した不虔なるバビロンの邪悪さとその末路である（17・1〜18）。神はバビロンを責め滅ぼし、また御民の嘆きによって利益を得た者たちをも滅ぼされる（18・1〜19・5）。子羊の婚宴に招かれていた大群衆は神を賛美する（19・6〜10）。白馬の騎手は、獣たちと集まった国々を打ち負かす（19・11〜21）。ヨハネは「千年」（または「千年王国」）について述べる――サタンは縛られ、「最初の復活」が起きる（20・1〜6）。サタンは最後の反乱を起こし、神がサタンを滅ぼし（20・7〜10）、大いなる白い御座の前ですべての死者を裁く（20・11〜15）。最初の地が過ぎ去ると、ヨハネの「新しい天と新しい地」（21・1）の幻につながり、そこでは神がご自分の民と共に住み（21・2〜5）、義人は悪人から分離される（21・6〜8）。

9

新しいエルサレム（21・9〜22・9）　ヨハネは、「子羊の妻である花嫁」を新しいエルサレムの姿の中に見ており、その特徴と大きさがかなり詳細に描写されている（21・9〜21）。この都には神殿も太陽も月も必要ない。神と子羊がそこにいるからであり、悪は存在しないからである（21・22〜22・5）。ヨハネは、間もなく再臨するというイエスの約束を引用して、その預言をクライマックスに導く（22・6〜9。22・12、20参照）。

10　**エピローグ**（22・10～21）　ヨハネが見たメッセージは、「真実であり、信頼できる」ものであった。忠実で真実な者には報いがあり、その報いは、「すぐに来る」イエス自身によってもたらされる。

B　著者――黙示録は誰が書いたのか

黙示録は、「あなたがたの兄弟で、あなたがたとともにイエスにある苦難と御国と忍耐にあずかっている者」であるヨハネ（1・9。1・1、4、22・8も）によって書かれたと言っている。ヨハネは自分自身についてほかに何も語っていないので、彼が読者によく知られた人物であったことがうかがえる。一世紀後半の小アジアの諸教会において、使徒ヨハネ以外のヨハネがほかによく知られていたはずはない。信頼できる初代教会の伝承は、使徒ヨハネが生涯の終わりにエペソにいたことを示し、ヨハネが黙示録を書いたことを証言している。

黙示録の文体がヨハネの福音書や書簡とは違いすぎているので、ヨハネが書いたとは思えないと主張する人もいる。しかし指摘すべきことは、文学の種類によって文体は異なるということである。さらに、黙示録には確かに文体の違いがあるかもしれないが、ヨハネの他の著作との文体の類似点も多いのである。

C　執筆場所――黙示録はどこで書かれたのか

ヨハネはパトモス島（1・9）で書いた。パトモス島は、エーゲ海に浮かぶエペソの南西六十四キロメートルに位置する、幅十キロメートル、長さ十六キロメートルほどの岩だらけの荒々しい島である。ヨハネは「神のことばとイエスの証しのゆえに」（1・9）、そこに追放されていたのであった。

D　年代――黙示録はいつ書かれたのか

黙示録が書かれた時期は、ネロ帝の治世の直後（紀元五四～六八年）か、ドミティアヌス帝の治世の終わり（紀元八一～九六年）の二択が有力である。最も古い伝承は後者（具体的には九五年から九六年）を支持している。私たちもこの説に立ちたい。なぜなら、黙示録で一般的に推定されている状況は、ドミティアヌス帝の治世に存在した可能性が高いからである。

1　皇帝崇拝はキリスト者にとって問題であり（13・4、15～16、14・9～11、16・2、19・20、20・4）、ドミティアヌスは自分を「主なる神」と呼ぶように命じ（4・11参照）、明らかにこの告白を忠誠の試験紙とした。

2　七つの教会への手紙は、紀元六〇年代よりも紀元九〇年代のほうがより適合している。例えば、ラオディキアの町は六〇～六一年に地震で破壊されたが、黙示録中のラオディキア教会は裕福であり、九〇年代のほうが震災復興へ期間的に十分である。さらに、スミルナの教会は六〇～六四年までには存在していなかったかもしれない。

E　読者――黙示録は誰に、なぜ書かれたのか

ヨハネはその幻の記録を、ローマ帝国のアジア州にある七つの教会に宛てている。ヨハネはおそらくこれらの教会を、その地域での長年の伝道活動から知っていたと思われるが、これらの町は交通の要衝にあった。

ヨハネがこれらの七つの教会を選んだ理由とその順番は、ウィリアム・ラムゼイがかつて指摘したように、おそらく諸教会のある都市がすべて地理的・交通的に中心地であることに関係していると思われる。諸都市に啓示を伝える使者は、パトモスからエペソに到着し、二次的道路を北上してスミルナ、ペルガモに行き、ローマ街道を東進して、ティアティラ、サルディス、フィラデルフィア、ラオディキアへと向かったのである。*

＊William Ramsay, *The Letters to the Seven Churches of Asia* (London: Hodder & Stoughton, 1904), 171–96. 次も参照。Colin J. Hemer, *The Letters to the Seven Churches of Asia* (Grand Rapids: Eerdmans, 2000), 14–15; Barry J. Beitzel, *The Moody Atlas of Bible Lands* (Chicago: Moody, 1985), 185.

F　文体――黙示録はどのような文体か

ヨハネの黙示録は、黙示（1・1）、預言（1・3）、手紙（1・4）の要素を、他の文学にはない複雑な方法で組み合わせている。したがって、一つの文学様式として割り切ったレッテルを貼るべきではない。

1　**黙示**　「ヨハネの黙示録」は単なる黙示ではない。なぜなら、それは将来の出来事が、偽典ではなく、イエスの過去の犠牲を根拠としている希望だからである。黙示の一般的な特徴には以下のようなものがある。

a　迫害への対応。

b　天使や他の霊的存在によって啓示された天的神秘に関する黙示であるとする。

c　アダムやモーセのような偉大な人物の名前で書かれた偽書である。

d　接近する未来に予想される神の王国の到来で頂点に達するとする。

e　歴史的概観における広範な象徴の使用。

f　現在の罪深い世界と来るべき世界を鋭く対比させた二元論的歴史観（「黙示的終末論」）。

2　**預言**　預言を「黙示」と対比させて以下のように論議する者もいる。(1)預言は、神の救いが新しい世界の到来を通してではなく、この世の過程を通して現れることを期待するものである。(2)預言者は主から直接語られたと主張する者である。ヨハネの黙示録は預言と黙示の両要素を含んでおり、両者を厳密に区別することはできない。また、旧約聖書のいくつかの書物（ダニエル書、イザヤ書、ゼカリヤ書など）やイエスのオリーブ山説教も組み合わされている。

3　**書簡**　ヨハネの黙示録は、小アジアの七つの教会に宛てた回状であるが（1・4～5、9～11）、その内容と文体は典型的な手紙とは異なっている。

G　解釈方法――ヨハネの黙示録のおもな解釈方法はどのようなものか

黙示録の解釈は、通常、以下の四つのアプローチに分類される。

1　**過去主義**　ヨハネの幻は、彼自身の時代の出来事から生まれ、それを描写している。それらは今からすれば過去の出来事である（ここから「過去主義」と呼ばれる）。幻の中の象徴はすべて、ヨハネ時代の世界の人々、国、出来事を指しており、ヨハネの目的は、神が永遠の王国に彼らを解放するのを待つ間、キリストに忠実であり続けるよう読者に勧めることである。

2　**歴史主義**　黙示録は、キリストの時代から現代までの歴史を描いている。この解釈は中世や宗教改革者らの間では一般的であり、獣をローマ教皇庁と同一視した。

3 **理想主義**　黙示録における象徴は、神性や世界との関わり方を一般的に理解するのに役立つものであって、具体的な出来事の道筋を示すものではないとする立場。

4 **未来主義**　一貫した未来派のアプローチは、黙示録4～22章に書かれていることはすべて、人類史のまさに最後の日に成就すると見る。より穏健なものは、4～22章のいくつかの出来事（特に初期のもの）はすでに起こっているか、あるいは最後の日の前に起こると考える。

私たちはこれら四つの見解のすべてに何らかの真理を見いだすが、黙示録の性質と目的を正しく理解するには、未来派のアプローチが最も近いと考える。ヨハネは終末論的な視点に立ち、一世紀の状況に適応させつつ終末を描写しているのである。

H　貢献――ヨハネの黙示録は私たちの信仰理解にどのような貢献をしているのか

1 **旧約聖書の使用**　ヨハネの黙示録は新約聖書のどの書物よりも、旧約聖書から幅広く引用している。そのほとんどは明示的な引用ではなく、引用や概念の借用である。

2 **神の大権**　玉座で礼拝を受ける神の姿は、私たちの地上的状況いかんにかかわらず、それらを超える天と地の主を見ることを助け、ただ神だけが私たちの献身と賛美に値する究極的なお方であることを思い起こさせる。

3　**キリストの卓越性**　ヨハネの黙示録は、絶えず神だけにふさわしい言葉でイエスを描いている。それが顕著なのは、冒頭の幻が父なる神ではなくイエス・キリストのものであり（1・12～20）、また父なる神とイエス・キリストの両方が「アルファであり、オメガである」（1・8、22・13）と呼ばれていることである。大能の神はまさに神自身である御子を通して、この地上における自身の目的を達成されるのである。

4　**キリストの十字架**　ヨハネの黙示録はキリストの栄光、力、裁きにおける役割に焦点を当てているが、十字架が展望の射程外になることはない。白馬に乗った力強い騎手は殺された子羊にほかならない。キリストが人類の歴史を締めくくるためになすすべてのことは、キリストの犠牲の死に根ざしている。

5　**歴史の終わり**

a　将来の出来事――聖書のあらゆる書物の中で、黙示録は歴史の終わりの出来事について最も詳細に記述している書である。ヨハネの象徴的許容範囲を越えてはるかに多くの詳細な事柄を見いだそうとする人々がいるとはいえ、私たちは対極に進んで、ヨハネが比較的明確にしている詳細を無視すべきではない。

b　現代の生活――終わりの時に何が起きるかだけを考えるのは近視眼的であ

る。なぜなら、終末は過去と現在を形作り、知らせるものだからである。歴史がどのように終わるかを知ることは、私たちが今歴史の中でどのように生きるべきかを理解する助けとなる。新約聖書は、今こそ私たちが「終わりの日」にいることを明らかにしており、黙示録は、悪と活発な悪霊の力の現実と厳しさを私たちに思い起こさせる。対決は教会とこの世の間だけでなく、教会内部にも存在する。信仰者は信仰に立たなければならない。

c　神の審き――神が怒りを注ぎ、罪の責任を問う日が来る。一人ひとりの運命は、その名前が「子羊のいのちの書に記されているかどうか」によって決まる。神が報いられる人とは、たとえ命に代えても、悪魔とその地上の手先に対して、忍耐強く断固として立ち向かう人である。ヨハネの幻は、いつの時代であっても、苦しみ、迫害されている信仰者たちの慰めの源である。

Ⅰ　振り返りとディスカッションのための問い

1　ヨハネの黙示録はどのような文学か。

2　ヨハネの黙示録を解釈する最良のアプローチは何だと思うか。

3　キリストはどのように描かれているか。

4　歴史の終わりに起こる出来事にはどのようなものがあるか。
5　賛成か反対か――終末の時についての教えの要点は、倫理的なこと（すなわち、将来を考えて、今どのように生きるべきか）である。

J　推薦図書

入門

Keener, Craig S. *Revelation.* NIVAC. Grand Rapids: Zondervan, 2000.

中級

Morris, Leon. *The Book of Revelation.* Rev. ed. TNTC. Grand Rapids: Eerdmans, 1987.

上級編

Mounce, Robert H. *The Book of Revelation.* NICNT. Rev. ed. Grand Rapids: Eerdmans, 1998.

第26章　結論

新約聖書はユニークな書物である。生涯を通して学び続けることができるし、それが完結されることはない。クリスチャンの目標は、それを支配することではなく、それに支配されることである。新約聖書研究は、それ自体が目標ではなく、むしろその中心である主イエスを知り、その最終的著者である神と和解することがゴールである。聖書を読めば読むほど、その説教を聞きけば聞くほど、教えられれば教えられるほど、学べば学ぶほど、暗記すれば暗記するほど、黙想すれば黙想するほど、あなたはよりイエスを喜び、その心はより畏敬の念に満たされ、その意志はあなたの造り主であり贖い主である方に喜びをもって従う決意をもってより強められるだろう。この本の第1章に記された文献リストは、あなたが次の段階の学びに進む上で何らかの助けとなるだろう。そうする中で、十八世紀の聖書学者ヨハン・アルブレヒト・ベンゲルの有名な言葉を借りれば、「自分自身をまったくテキストに当てはめ、テキストを自分自身にまったく当てはめる」ことになる。

訳者あとがき

二〇一三年春に、*Introducing the Old Testament: A Short Guide to Its History and Message* の全訳が『旧約聖書の基本』として、いのちのことば社から出版された。本書はそれに続く *Introducing the New Testament: A Short Guide to Its History and Message*, Zondervan, 1992, 2005, 2010 の全訳である。『旧約聖書の基本』同様に、本書も新約学における「緒論」の分野を扱っている。第1章に記された八つの項目（内容、著者、ジャンル、年代、場所、読者、目的、貢献）を中心に構成されている。新約聖書緒論を学ぶ上で基礎的な内容を提供しているという点で、神学生のみならず、一般の方々にもぜひ読んでほしい。

聖書原語の意味を調べたり、一節に込められた真理を読み取ろうとする努力はかけがえのないものであるが、それと同時に大切なことは、新約聖書や旧約聖書、さらには聖書全体が私たちに伝えようとしているメッセージは何かをとらえることである。ある教会で、礼拝堂の椅子並べを丁寧に行う信徒がいた。とても几帳面に、前列椅子と後列椅子の間をきちっと定規で計り、ミリ単位の正確さをもって、椅子を並べた。ところが、講壇から全体を見渡してみると、椅子全体が斜めにずれていた。聖書は近視眼的に読むだけでなく、遠視眼的にも読む必要がある。本書は後者のためにきっと役に立つものとなるだろう。

共著の一人Ｄ・Ａ・カーソンは、ケンブリッジ大学で博士号を取得し、アメリカ合衆国イリノイ州にあるトリニティ神学校で新約学を教えている。五十冊以上の著作があり、アカデミックな分野で講演者として幅広く用いられている。もう一人のダグラス・ムーは、セントアンドリュース大学で博士号を取得し、ウィートン大学で新約学の教授となっている。新約聖書の内容理解と現代への適用に力を入れ、*NIV Application Commentary*, *Pillar Commentary*, *Tyndale New Testament Commentary*, *the New International Commentary* などに貢献している。

本書の特徴は、さらに深い学びを望む者に、推薦図書の紹介が挙げられている点にある。それらの文献はすべて英語で書かれたものであるが、アドバンスな学びをする上で参考となるものが紹介されている。

翻訳に携わったのは、大阪聖書学院講師の千田俊昭氏と同学院教師の池田基宣である。『旧約聖書の基本』が出版されたのだから、『新約聖書の基本』も、と同学院学院長の岸本大樹氏の強い薦めもあって、本書を出版するに至った。訳語や聖書箇所の確認を同学院の老松望教師、長原尚子講師が担当してくださり、適切な指摘をいただいた。そして、いのちのことば社の山口暁生氏に出版の作業を進めていただいた。多くの方々の力をお借りして、このたび本書を出版することができた。そのお一人おひとりに、この場を借りて、お礼申し上げたい。

二〇二四年春

池田　基宣

聖句索引

この索引は網羅的なものではなく、原書の索引を参照しつつ、
⑴別の書に関する章で言及されている聖句、⑵引用されている聖句
を拾い出してある。各章で扱っている書については、その書全体の頁数のみ掲げ、
個々の箇所は割愛した。

D. A. カーソン（D. A. Carson）　トリニティ神学校新約聖書研究教授。

ダグラス. J. ムー（Douglas J. Moo）　ホイートン大学新約聖書名誉教授。

池田 基宣（いけだ もとのぶ）　恵みキリストの教会（兵庫県宝塚市）牧師。大阪聖書学院教師。大阪聖書学院、シンシナティ聖書神学校、アビリン・キリスト教大学大学院に学ぶ。

千田 俊昭（ちだ としあき）　旭ヶ丘キリストの教会（宮城県仙台市）牧師。大阪聖書学院非常勤講師。東北学院大学、シンシナティ聖書神学校に学ぶ。訳書に『ティンデル聖書注解　ヨハネの手紙』（ジョン・R・W・ストット著、いのちのことば社）がある。

新約聖書の基本
―― 各書の内容・著者・執筆場所・年代・読者・目的・貢献

2024年 4月25日発行

著　者　D. A. カーソン・ダグラス. J. ムー
訳　者　池田基宣・千田俊昭
印刷製本　日本ハイコム株式会社
発　行　いのちのことば社
〒164-0001 東京都中野区中野2-1-5
TEL03-5341-6920／FAX03-5341-6921
e-mail:support@wlpm.or.jp
http://www.wlpm.or.jp
新刊情報はこちら

ISBN978-4-264-04494-9